TENDENCIAS E INNOVACIÓN EN LA
EMPRESA PERIODÍSTICA

Tendencias e innovación en la empresa periodística

Coordinador

José Antonio González-Alba

Autores

José María Valero Pastor

María Fernanda Pacheco Cobos

Giovanni Bohórquez-Pereira

Gema Alcolea Díaz

Sara González Fernández

Julieti Sussi Oliveira

Felipe Pulido Esteban

María Luisa Sánchez Calero

Miriam Rodríguez Pallares

María José Pérez Serrano

Fernando Moya Hiniesta

Sevilla

2017

Tendencias e innovación en la empresa periodística
Edita: Egregius Ediciones
www.egregius.es

Coordinador:
José Antonio González-Alba
Autores:
José María Valero Pastor
María Fernanda Pacheco Cobos
Giovanni Bohórquez-Pereira
Gema Alcolea Díaz
Sara González Fernández
Julieti Sussi Oliveira
Felipe Pulido Esteban
María Luisa Sánchez Calero
Miriam Rodríguez Pallares
María José Pérez Serrano
Fernando Moya Hiniesta

Maquetación y diseño: Francisco Anaya Benítez

ISBN - 978-84-946978-5-2

ÍNDICE

PRÓLOGO

Innovación es un término obligado para el periodismo en tiempos de infoxicación. Cuando el exceso de información que circula a través de los distintos canales es la dinámica en la que nos estamos moviendo, el periodismo se hace más necesario que nunca y el desafío es adaptarse o perecer.

La última década hemos estado hablando de crisis del periodismo, nos referimos a la crisis económica, pero más importante aún, nos enfrentamos a una crisis de credibilidad y de sentido. ¿Qué sentido tiene el periodismo cuando cualquier ciudadano puede estar generando contenidos desde su dispositivo móvil?

Los cambios en los hábitos de consumo que han traído consigo las tecnologías de la información representan para el periodismo un área de retos y oportunidades.

En ese sentido, el periodismo se convierte en elemento imprescindible para las sociedades democráticas, los profesionales de la información se enfrentan ante un público cambiante, una población en la que confluyen distintas generaciones y con ellas distintas formas de consumir la información. La cuestión final es distinguir el grano entre tanta paja, la labor del periodista consiste sobre todo en brindar información relevante en medio de un océano de datos y de publicaciones intrascendentes.

En 2016 decidimos organizar un encuentro académico para reflexionar en torno a la comunicación y el pensamiento. Dos áreas inmensas que lo abarcan todo, desde las tecnologías de la información hasta la historia de la comunicación. Nos parecía fundamental hacer una pausa en el ajetreo diario para detenernos a pensar lo que está ocurriendo, cómo la revolución tecnológica está cambiando nuestras vidas desde lo más simple hasta lo más complejo. Así surgió el Primer Congreso Internacional Comunicación y Pensamiento, dedicado al tema "Comunicracia y Desarrollo Social". En 2017 se hizo obligada una reedición de ese encuentro y decidimos dedicar esta segunda edición a "Internet y Redes Sociales: nuevas libertades, nuevas esclavitudes". Dentro de esta temática nos parecía fundamental incluir un área de reflexión en torno a la innovación en periodismo, así fue como decidimos incluir el espacio que ha terminado generando este libro.

Desde el principio fue un acierto contar con José Antonio González-Alba para coordinar este simposio, un apasionado del tema, dedicado a estudiar las novedades que van surgiendo en el ámbito periodístico en España y el resto del mundo. Un estudioso que cree en el periodismo y que tiene la capacidad de observar las posibilidades inmensas que la innovación tecnológica nos ofrece.

Aprovechamos este espacio para agradecer a todos los investigadores que acudieron a la llamada de comunicaciones y contribuyeron con su presencia para que el encuentro y el debate fueran posible y con el envío de su trabajo hicieron relidad este libro.

Rosalba Mancinas-Chávez
Coordinadora académica del
Congreso Internacional Comunicación y Pensamiento

INTRODUCCIÓN

La necesaria y obligada apuesta por la innovación

Cuando se dio a conocer el programa académico, el título y las diferentes áreas temáticas del II Congreso Internacional de Comunicación y Pensamiento, organizado por el Laboratorio de Estudios en Comunicación (LADECOM), en coordinación con el Grupo Comunicar y el grupo Admira, me decidí no sólo a participar un año más en el encuentro de investigación, sino a plantear a la organización la posibilidad de dedicar una de las áreas del mismo al concepto tan de moda en cualquier industria que se tercie, como es la innovación.

En este caso, se trataba de aunar en uno de los ejes las diferentes tendencias e ideas innovadoras que se estaban acometiendo desde la industria de los medios de comunicación. El periodismo es, sin duda, uno de los sectores a los que más le han afectado distintos factores como las consecuencias de la crisis económica, la irrupción de la tecnología, los nuevos dispositivos móviles y el cambio en los hábitos de consumo de los ciudadanos. De ahí que la innovación, en la industria de los medios y por parte de los propios periodistas, no sea ni siquiera una opción. Más bien se trata de una obligación.

La crisis del periodismo

Desde hace más de diez años llevamos contando la crisis del periodismo. Cierto que muchos de los condicionantes antes señalados han afectado de manera directa a la profesión. Pero en la actualidad, creo sinceramente que el periodismo no está en crisis. Al menos tal y como la hemos venido contando hasta ahora.

Es una evidencia que en estos años cerraron multitud de medios y cabeceras históricas, pero también lo es que otros muchos más, en su práctica totalidad en formato digital, vieron la luz ampliando hasta límites hace unos años insospechados la oferta informativa existente.

Las herramientas tecnológicas y dispositivos móviles con los que hoy contamos favorecen la producción y difusión de contenidos cada vez mejor elaborados, mejor explicados y mejor contextualizados a nuestra audiencia.

Siempre, eso sí, que la tecnología, como una herramienta más, se utilice al servicio del contenido y no al contrario.

También hoy los medios de información son más consumidos que nunca, y así lo certifican los medidores y análisis de cuantificación digital, porque internet y las redes sociales se convirtieron en las grandes plataformas de distribución de nuestros contenidos, hoy al alcance de audiencias globales a golpe de un simple clic. Algo también impensable en la lógica tradicional de los medios diez años atrás.

Por ello, la profesión periodística está más viva que nunca, a la vez de ser también más necesaria como nunca antes lo había sido. Las crisis, que las tiene, tienen nombre propio, a mi modo de ver, y de manera específica dentro de la generalidad.

Existe una crisis de credibilidad. El no haber realizado correctamente nuestra función como debiéramos conlleva que los ciudadanos nos tengan en el punto de mira, nos vean como aliados y no como vigilantes de los abusos del poder. La deriva económica en la propiedad de los medios, la inclusión del poder establecido, la banca y las grandes empresas en los accionariados de los medios, claramente, no ha ayudado a remitir dicha percepción. La espectacularización y banalización de los contenidos pseudoperiodísticos en formatos de grandes audiencias, como la televisión, tampoco ayudó lo más mínimo. Ahora, con el fenómeno de las 'fake news' o noticias falsas, otro tanto de lo mismo.

Existe también una crisis de marca del periodismo. Los periodistas, los medios, hemos cometido errores, pero también somos protagonistas y autores de otras muchas historias dadas a conocer que han cumplido con nuestra función y responsabilidad. Sin la intermediación de la prensa no hubiera sido posible conocer la existencia de los 'Panamá Papers', el servicio de espionaje masivo a los ciudadanos que realizaba la mayor potencia del mundo o los mensajes de Bárcenas, por citar ejemplos recientes. No hay otra industria tan arraigada e íntimamente relacionada con la consolidación y fortalecimiento de los sistemas democráticos, con la libertad de expresión y con el derecho a la información de los ciudadanos. Y sin embargo no hemos sabido dar visibilidad a esos valores intrínsecos a nuestro trabajo. Todo cuanto se habla de los medios y de los periodistas es para referirse a nuestros problemas, al futuro tan incierto que se nos avecina y a la relación directa que tenemos en muchos de los males generales de la sociedad. La prensa, de manera general, no ha realizado ese esfuerzo en hacer llegar a la gente la importancia del conocimiento de algunas (que las hay) de las historias importantes que se han destapado.

Y por supuesto, el gran dilema, la crisis del modelo de negocio. Ésta, muy evidente. El negocio de los 'legacy media' o medios tradicionales, fundamentado en la compra de ejemplares y facturación publicitaria, agoniza lenta e imparablemente y no se ha dado con la fórmula mágica que rentabilice la producción de noticias. Se optó por dar el contenido de manera gratuita en internet creyendo que la publicidad digital resolvería todos nuestros males, y sin embargo todo lo perdido en los ingresos tradicionales sigue superando, por mucho, lo que la publicidad digital reporta.

Conocer a nuestros lectores: la batalla ganada por las tecnológicas

Sin que se haya escrito mucho sobre ello, uno de los principales motivos que ha llevado a la profesión periodística a la actual situación ha sido la nula preocupación de los medios por conocer a su principal activo: los lectores. La prensa siempre ha intervenido en la vida de los ciudadanos a través del clásico esquema de la comunicación unidireccional, un emisor lanzando un mensaje a una masa receptora muy numerosa pero absolutamente desconocida. Le decíamos a la gente lo que pasaba, a través de la selección y jerarquización de contenidos por formatos y tamaños y, de manera indirecta, en función de intereses que van más allá de la función social del periodismo, lo que tenía que pensar sobre aquello que pasaba.

Pero los periodistas y los medios de comunicación perdimos esa posición dominante, ese privilegio exclusivo, con la irrupción de la tecnología, las redes sociales y los nuevos dispositivos. Esto, sumado a la entrega total de la materia prima de los medios, el contenido, a las grandes plataformas de distribución, modificó los patrones de consumo y la rentabilidad del negocio y alteró por completo ese esquema unidireccional que durante tantos años había funcionado.

Hoy los medios no pueden competir en este partido ya que las grandes plataformas tecnológicas como Google o Facebook han hecho del conocimiento de sus usuarios su principal virtud y razón de ser. Entre las dos, gestionan los datos de millones de usuarios a partir de los cuales controlan y casi monopolizan el mercado publicitario. Y, sin embargo, no disponen de los mecanismos de producción de contenidos informativos relevantes y de calidad. Esa función continúa perteneciendo a la labor profesional de los periodistas y los medios de comunicación.

Por ello, en los últimos años estas grandes plataformas están apoyando la producción de contenidos de calidad de los medios a través de programas, concursos y ayudas a la innovación y transformación digital.

Así, Google puso en marcha su Digital News Initiative (DNI) como apoyo al periodismo de calidad a través de la tecnología y la innovación, para grupos editoriales europeos. En las dos primeras convocatorias, se otorgaron más de 50 millones de euros para financiar más de 250 proyectos editoriales, entre los que se encuentran casos españoles de *El País, El Confidencial, Eldiario.es* o *La Voz de Galicia*, entre otros.

Google también ha dispuesto su propio Laboratorio de innovación periodística, el Google News Lab, "un espacio de colaboración con periodistas y empresarios para construir el futuro de los medios". Desde su puesta en marcha en España, en octubre de 2015, más de 6.000 periodistas han sido formados en el uso y tratamiento periodístico de sus herramientas, a través de los acuerdos y programas realizados con diferentes centros y asociaciones periodísticas.

De manera paralela, en los últimos meses Facebook también ha apostado por un programa formativo para periodistas, el Facebook Journalism Project, "para establecer lazos más fuertes con la industria de las noticias, colaborando para convertirse en socios de los medios y otorgar a los ciudadanos los conocimientos necesarios para estar informados en la era digital".

En cuanto a la difusión y experiencia de usuario de los lectores, ambas plataformas también han apostado por la innovación a través de mejorar dichas experiencias con herramientas puestas a disposición de los medios. Por ejemplo, Facebook con los Instant Articles o artículos instantáneos, para favorecer que las noticias de los medios se consuman dentro de la propia plataforma, ahorrando al usuario tiempo de espera de carga de la página, consumo de datos y adaptando de manera inmediata el contenido al tamaño de su dispositivo. Google hace más de lo mismo con el Accelerated Mobile Pages Project (AMP), un sistema para mejorar el rendimiento de las páginas web de los medios de comunicación en dispositivos móviles.

Por tanto, es importante tener presente todas estas posibilidades para aprovechar las ventajas que los gigantes tecnológicos ofrecen para mejorar como industria y aliviar así los graves efectos de la tan aludida crisis vivida por la profesión.

Tendencias para el futuro de la industria

Parece evidente que la publicidad seguirá jugando un papel fundamental en la sostenibilidad de los medios, esa publicidad que controlan estas grandes plataformas pero que, yendo juntos y por el mismo camino, favorecerá que los medios puedan optar a mejorar las condiciones y objetivos de sus anunciantes y a aminorar los efectos de la pérdida masiva de ingresos en este campo.

La diversificación de los ingresos está siendo otra de las grandes apuestas, y dentro de ésta, será primordial la apuesta que hagamos por los contenidos de calidad, para conseguir que el cliente se convierta en protagonista clave para la financiación de los medios. Sólo con contenido de calidad, relevante, y con información de verdadero servicio público, se podrá conseguir que el lector pague por consumir un determinado medio.

El futuro también pasa, cada vez más, por lanzarse a ser dueños de nuestro propio destino, de emprender en nuevos proyectos, porque la tecnología permite que cualquier periodista a título personal sea capaz de competir con cualquier gran medio de comunicación en eso que se llama la 'economía de la atención'. Ante la saturación informativa y amplitud de la oferta existente, el negocio reside hoy precisamente en eso, en captar el máximo tiempo posible la atención del usuario que nos ve y consume tras la pantalla, cualquiera que sea.

Y las tendencias de lo que se nos viene por delante pasan también por la apuesta por lo local, lo temático y especializado, sirviendo de la manera más eficaz posible a pequeñas comunidades interesadas en nuestro producto. Un modelo de negocio del tipo enfocado. Muy dirigido. De ahí que el periodismo local, atrasado aún respecto a los grandes medios por falta de tiempo y recursos tanto económicos como humanos, sea el que mayor margen de mejora tenga a la hora de innovar y apostar por nuevos formatos, nuevas herramientas y nuevas vías de ingreso.

Todo ello, huelga decirlo, con proyectos que sean móviles. Ni siquiera ya digital. Lo digital está comenzando a ser historia. No digamos ya lo impreso. El consumo de internet en el mundo, de manera global, ya es mayor en dispositivos móviles que en cualquier otro soporte. Lo queremos todo en nuestro pequeño dispositivo, en nuestro bolsillo. Y los medios tienen que estar donde está su público, su audiencia. Tal y como afirma el periodista y experto tecnológico, Jeff Jarvis, "los periodistas tenemos que ir adonde están los lectores y no seguir esperando a que vengan a nosotros".

La innovación como eje transversal

Para todas y cada una de las tendencias, claves y factores determinantes en el futuro de los medios, la innovación juega un papel fundamental. Innovar como sinónimo de intentar conseguir los mismos objetivos pero haciendo las cosas de una manera diferente. Porque lo que hasta ahora había funcionado se ha demostrado que ya no funciona como tal.

La innovación debe de basarse en un modelo de actuación transversal, en que su ejecución se lleve a cabo a través de toda la empresa y en base a todos los factores a los que ésta pueda aplicarse.

Hace muy pocas fechas, por ejemplo, hemos conocido el fin de actividad de Bez, uno de los nativos digitales más innovadores surgidos en nuestro país en los últimos años. Innovador en cuanto al formato, a su narrativa, a los contenidos especializados y en profundidad que ofrecía, al público al que se dirigía... pero no encontró, o no supo hacerlo, la manera adecuada de innovar para lograr su sostenibilidad.

En la presente edición tenemos un buen ejemplo de trabajos de investigación que tratan la innovación en distintos soportes y temáticas, desde la prensa digital, el audiovisual, las redes sociales, o la empresa de comunicación en general.

Los efectos de la innovación en las redacciones y en el producto periodístico, abordando de manera particular la reformulación de las secciones temáticas de los medios, lo trata José María Valero, de la Universidad Miguel Hernández.

Además del digital, la prensa escrita también tiene su protagonismo en este volumen, además con temática internacional. María Fernanda Pacheco y Giovanni Bohórquez, de la Universidad Pontificia Bolivariana, analizan la evolución y transición de papel al digital, en los últimos diez años, de cinco medios de comunicación locales de Colombia.

En cuanto al sector audiovisual, Gema Alcolea, de la Universidad Rey Juan Carlos, estudia y profundiza en la innovación llevada a cabo en el proceso de convergencia de televisión e internet de uno de los grandes grupos de comunicación del país, Atresmedia, desde su modelo de webcasting.

Otro estudio de caso audiovisual, en este caso el de la productora *Diffferent Entertainment*, es el trabajo de las investigadoras Sara González y Julieti Sussi Oliveira, de la Universidad de Sevilla, analizando el marco general de la influencia de la red a la hora de poner en marcha empresas audiovisuales.

Las redes como canales de distribución de contenidos también tienen su presencia en este volumen temático sobre innovación en la industria de los medios. En particular, estudiando el canal de Facebook Live, los directos de la gran red social por excelencia, a la hora de la realización y distribución de entrevistas periodísticas. Un trabajo de Felipe Pulido y María Luisa Sánchez, de la Universidad Complutense.

Por último, el papel de la innovación se analiza a través de su influencia en el ámbito común del sector de la comunicación y del emprendimiento de medios.

Por un lado, Miriam Rodríguez y María José Pérez, de la Universidad Complutense, estudian la relación entre innovación y transparencia a través de una serie de propuestas sobre las empresas más innovadoras en España en el sector de la comunicación. Y por otro, Fernando Segundo Moya, de la Universidad de Sevilla, analiza y disecciona el ejemplo concreto de Emprenred, como ejemplo de innovación y emprendimiento desde el ámbito universitario.

Todos, trabajos necesarios aportados desde la comunidad científica, y de obligada revisión y consulta por parte del sector profesional, para profundizar en la más que importante transferencia de conocimiento y convergencia entre el mundo académico y el empresarial.

Mis felicitaciones, por ello, a todos los investigadores, autores y protagonistas del volumen que ahora están consultando. A la organización del II Congreso Internacional de Comunicación y Pensamiento, por la apuesta decidida por este tipo de encuentro y por convertirlo ya, con apenas dos ediciones, en referente académico y de investigación para los profesionales de la comunicación. Y por supuesto, por apostar por simposios de este tipo en los que se refleja la importancia de la innovación y la transformación digital para la supervivencia y éxito de proyectos editoriales. Hay mucho camino por recorrer y esto solo representa un pequeño grano de arena. Pero de muchos pequeños granos de arena se acaban construyendo las grandes montañas.

José Antonio González-Alba
Coordinador del Simposio
'Tendencias e innovación en la empresa periodística' en el
II Congreso Internacional de Comunicación y Pensamiento
de la Universidad de Sevilla

EFECTOS DE LA INNOVACIÓN EN LAS REDACCIONES Y EN EL PRODUCTO PERIODÍSTICO: LA REFORMULACIÓN DE LAS SECCIONES

José María Valero Pastor
Universidad Miguel Hernández

Resumen:

Internet es un medio de comunicación con entidad propia y con características que difieren de las de la prensa escrita, la radio y la televisión (Salaverría, 2005). Para poder continuar su desarrollo, el periodismo digital requiere unas rutinas productivas específicas que se adapten a las demandas y posibilidades del nuevo medio. Este trabajo tiene como objetivo mostrar cómo la innovación en la organización de las empresas mediáticas y, sobre todo, en las redacciones guarda una estrecha relación con la creación de un producto informativo que se adapte al medio digital. En concreto, la investigación analiza la influencia mutua entre la creación de equipos de trabajo multidisciplinares y flexibles dentro de las redacciones, y la forma de organizar los contenidos dentro de los propios medios. Algunos proyectos innovadores ya han prescindido de las secciones, que han sido sustituidas por *obsesiones* o temas de interés en torno a los que agrupar a periodistas polivalentes y con un perfil de especialización temática complementaria entre sí. Se ofrece así una información más completa y contextualizada a los usuarios. En este artículo se repasan, por medio de observaciones y entrevistas, los casos de Quartz y eldiario.es, medios que han seguido este camino en mayor o menor medida.

Palabras clave:

Innovación, innovación mediática, periodismo digital, medios digitales, organización de redacciones, secciones de medios

1. Introducción

El nacimiento y posterior crecimiento de los cibermedios[1] durante las últimas dos décadas ha supuesto una transformación con pocos precedentes históricos en las rutinas productivas de los medios de comunicación (Salaverría, 2005). Las empresas periodísticas con presencia en Internet, ya sean tradicionales o nativas digitales, se han visto obligadas a adaptarse a las características de un soporte y unos formatos que han alterado todos los paradigmas comunicativos (Arias Robles, 2015).

Como se sabe, Internet no solo constituye un canal de distribución más para los contenidos periodísticos, sino que las peculiaridades de la Red han transfigurado la manera de comunicar por parte de los medios. La hipertextualidad (Arias Robles, 2015), la interactividad surgida a raíz de una democratización de la relación medio-audiencia (Chung, 2007; Rosen, 2006) y la multimedialidad (Deuze, 2004), entre otras características, hacen que consideremos a Internet como un nuevo medio de comunicación distinto de prensa, radio y televisión (Crovi, 2006).

Dando por supuesta la entidad de la Red como medio diferenciado, Salaverría (2005: 12) reparaba en el hecho de que "Internet reclama, obviamente, el desarrollo de procedimientos editoriales específicos para las publicaciones digitales". Esta afirmación puede parecer evidente en primera instancia, pues es lógico que todo nuevo soporte necesita unos tratamientos propios. Sin embargo, entendemos las connotaciones de la frase si tenemos en cuenta que, durante años, los medios adaptaron sus contenidos al formato electrónico solo mediante el volcado de textos de la edición impresa a la digital (González Esteban, 2009). Los "procedimientos editoriales específicos" que mencionaba el autor tienen más que ver con la concepción de una nueva forma de producir contenidos para Internet: el ciberperiodismo.

Con la aparición de las redes sociales y los dispositivos móviles con conexión a internet (Carvajal Prieto, 2013) la necesidad de desarrollar nuevas rutinas productivas y productos periodísticos innovadores se ha extremado. La relación entre el cibermedio y las audiencias ha mutado sustancialmente: ahora es el medio el que debe buscar al usuario en su terreno, y no el usuario el que acude al medio para informarse. Además, se ha producido una atomización de los contenidos, que ya no llegan a la audiencia en todo su contexto, como parte de un medio concreto, sino que lo hacen como una pieza más de un flujo infinito de contenidos organizados mediante criterios sociales. Así lo muestra un informe del Pew Research Center de 2016 que revela que un 62% de los adultos estadounidenses utiliza las redes sociales

---

[1] Denominación predilecta para la academia frente a "medios digitales", que también podría referirse a las nuevas radios y televisiones digitales (Meso Ayerdi y Díaz Noci, 2005; Yezers'ka, 2008).

para acceder a contenidos informativos, un 13% más que en otra encuesta de 2012. En España, el *Estudio sobre Redes Sociales 2016* del Interactive Advertising Bureau refleja que el 81% de los internautas españoles de entre 16 y 55 años utilizan estas plataformas, aunque no se determina el porcentaje de ellos que lo hace con fines informativos.

La introducción de cada nuevo avance técnico contribuye a modificar los hábitos de consumo de la audiencia y las posibilidades del periodismo (Arias Robles, 2015). Por lo tanto, teniendo en cuenta que las tecnologías de la información y la comunicación viven en una constante evolución (OECD, 2005), podemos asegurar que la innovación mediática va a continuar siendo necesaria para que los cibermedios puedan responder a las demandas de sus usuarios (Jarvis, 2015).

Partimos de la hipótesis de que una de las iniciativas renovadoras que se implementan con este objeto consiste en organizar los contenidos a través de sus páginas y espacios de forma diferente a los diarios en papel. Las secciones de medios tradicionales están en proceso de reformulación para cumplir con las demandas del nuevo ecosistema. Además, pensamos que esta modificación en la disposición del producto periodístico guarda una fuerte relación con la manera en que se organizan las redacciones, dando lugar a la formación de equipos heterogéneos de profesionales entre los que se implementan nuevos flujos de trabajo y prácticas periodísticas.

El objetivo de la presente comunicación, por lo tanto, es el de analizar cómo organizan sus contenidos los cibermedios que están innovando en este sentido, así como explicar la manera en la que esta adaptación al nuevo medio produce efectos sobre la dinámica de trabajo dentro de las redacciones, y viceversa. Quizás el segundo punto sea el que más valor aporte de los dos a la literatura sobre el tema ya que se aborda la sociología dentro de las empresas periodísticas en un momento en el que parece que la época de la convergencia entre redacciones está superada (Tameling y Broersma, 2013).

Cabe resaltar que en esta investigación no pretendemos analizar la manera en la que las secciones se reconfiguran, adoptando nuevos nombres y sistemas de clasificación. Por el contrario, nuestra meta es la de estudiar cambios más profundos que se producen en el producto, en las redacciones y en los flujos de trabajo debido a la reformulación del concepto sección. Es por ello que preferimos emplear la denominación *reformulación*, y no *reorganización*, ya que se aproxima más a la esencia de la materia que estamos examinando. El concepto *reformulación* implica cambios más estructurales que trascienden al propio medio y se relacionan con la nueva forma de hacer periodismo (Deuze y Witschge, 2017).

Creemos que el tema reviste interés por su estrecha relación con la práctica profesional del periodismo. Se estudia una materia cercana a la industria para extraer conclusiones que pueden ayudar a otras cabeceras digitales a adaptarse al medio. Para los cibermedios es necesario entender las demandas de la audiencia y las características del ecosistema en el que operan para poder así sacarle partido. De esta manera, se evitarán encontrarse sujetos a rutinas productivas heredadas que alumbren productos periodísticos caducos más propios del periodismo industrial.

2. Estado de la cuestión

2.1 Efectos de la innovación mediática en las secciones

A principios del siglo XX, las publicaciones periódicas empezaron a estructurar sus contenidos en secciones más o menos rígidas (Ruiz Acosta, 1996). Estos compartimentos estancos, presentes en la prensa de papel hasta nuestros días, cumplen dos funciones que facilitan la lectura del producto periodístico. Por un lado, organizan el contenido a través de las páginas para dotar de sentido al periódico, tematizando de esta manera la realidad. Por otro lado, orientan al público, con el que se establece un acuerdo tácito por el que los lectores saben a qué parte del periódico dirigirse para encontrar el tipo de contenidos que buscan.

Una tercera utilidad de las secciones, esta vez del lado de la industria, es la de coordinar el trabajo periodístico. Marchetti (2008: 24) afirma que, dentro de los periódicos, las secciones o "especialidades (...) forman sub-espacios de competencia relativamente autónomos. En efecto, el periodismo especializado constituye, en sí mismo, microcosmos profesionales". Es decir, que los periodistas especializados en una cierta materia han contado, tradicionalmente, con un espacio propio en la redacción y un flujo de trabajo independiente de las demás secciones.

De acuerdo con las investigaciones de la profesora Diezhandino Nieto (1993), las primeras innovaciones en lo que respecta a las secciones de periódico tuvieron lugar a finales de la década de los 70 en una corriente que la autora ha denominado como "periodismo de servicio". Con el objetivo de llegar a más gente y de ofrecer nichos temáticos más concretos a los anunciantes dentro de su propio medio, los editores de periódicos diversificaron las secciones con espacios "sobre temas tales como vivienda, hogar, interiores, belleza, salud, compra diaria, vacaciones, viajes, renta, dietética..." (1993: 120).

Estas modificaciones respondían únicamente a un cambio o diversificación de las áreas de especialización dentro de los periódicos, pero no entrañaban efectos estructurales. Las secciones como concepto permanecieron inmutadas en los medios que implementaron el "periodismo de servicio": los contenidos seguían distribuyéndose en compartimentos estancos que clasificaban la realidad de manera cerrada, los lectores continuaban necesitando ese pacto para encontrar lo que se buscaban, y las prácticas periodísticas no se veían afectadas, más allá de la adquisición de nuevas especializaciones.

Es evidente que, con la llegada de Internet, desaparece la necesidad de paginar y minutar la realidad de forma rígida, ya que el espacio del que disponen los medios para publicar sus contenidos se vuelve infinito. Díaz Noci (2009: 216) explica este fenómeno definiendo la *interficie* (Rodríguez de las Heras Pérez, 1991) como "una hoja de papel sin los límites espaciales de ésta, con una capacidad de almacenamiento enorme" que, al ser trabajada, da lugar a una interfaz con sentido informativo. La rotura de la barrera espacial y temporal en la web provoca una fragmentación de los contenidos de los medios de comunicación, que ya no serán consumidos de manera lineal, sino que serán navegados.

La irrupción de la web 2.0 constituye otro hito para el periodismo digital. Con ella, los consumidores de medios, ahora convertidos en usuarios o produsuarios (Bruns, 2006), acceden a los contenidos de forma mayoritaria a través de redes sociales. El aumento del empleo de las redes sociales contribuye a la ausencia de linealidad en el consumo de los medios, ya que facilita a la audiencia la creación de menús informativos personalizados (Campos Freire, 2008). La web 2.0, a través de los algoritmos de las redes sociales (Bucher, 2016), convierte a los usuarios en prescriptores de contenidos para ellos mismos y para sus contactos. Otras herramientas de curación de contenidos, como las newsletter (Valero Pastor, 2015), constituyen formas diversas de acceder a las piezas periodísticas de manera fragmentada y dirigida por los intereses del usuario. Arias Robles (2015: 70) explica a este respecto que, debido a la proliferación de los *medios de autocomunicación de masas*, se ha diluido la mediación que antes ejercían las empresas informativas.

El periodismo móvil también contribuye a fragmentar las historias y dirigirlas a una audiencia muy segmentada, superando todavía más el concepto del *lineal-storytelling* (Peñafiel Sáiz, 2016). Factores como la geolocalización y la detección de los intereses de los usuarios de estos dispositivos móviles no solo conllevan ventajas para potenciar el modelo de negocio de los medios nativos, sino que además ayudan a los medios nativos a personalizar sus contenidos (Palacios et al, 2015).

En efecto, parece que la idea de mantener las secciones tradicionales con objeto de orientar al lector carece de sentido en el nuevo contexto, ya que el usuario cuenta con recursos de personalización mucho más avanzados.

2.2 Efectos de la innovación mediática en la organización de las redacciones

Canga Larequi (2001: 43) advertía ya a principios de siglo la tendencia a la reformulación de las secciones y mostraba su preocupación porque, a su juicio, su modificación podría suponer un "riesgo de perder el rigor informativo y parte de la credibilidad profesional" al obligar a los periodistas a especializarse sobre temas concretos a grandes velocidades. El autor identificaba así una innovación todavía en ciernes, y revelaba que, con estas iniciativas no sólo se producirían cambios en la estructura clásica de funcionamiento en las redacciones (organizadas en departamentos-secciones) sino que la dinámica del trabajo diario queda también afectada.

Grubenmann (2016) afirma en una tesis doctoral que la mayoría de las organizaciones de medios todavía publican un producto diario empaquetado, ya sea digital o impreso. La autora coincide en que el producto periodístico y sus peculiaridades, entre las que se encontraría la división por secciones, define las prácticas diarias de los profesionales en las redacciones. Las secciones se ven reflejadas en la estructura editorial del medio por departamentos, y viceversa. En contraposición a esto, afirma que hay algunas empresas que están innovando con la creación de proyectos interdepartamentales.

Con el nuevo panorama mediático, descrito previamente, los flujos de trabajo y las prácticas periodísticas dentro de las redacciones de los medios digitales están experimentando un proceso de flexibilización. Esta tendencia se desarrolla a causa de la proliferación de nuevas tecnologías comunicativas, la necesidad de reducir costes (De Lara González, 2015) en empresas cuyos modelos de negocio se encuentran en constante mutación (Carvajal Prieto, 2015), y la adopción por parte de los medios de una filosofía aperturista y colaborativa (Quinn, 2005).

La literatura académica coincide al afirmar que el liderazgo de los directores de medios innovadores debe establecer una organización interna horizontal (Bettis y Hitt, 1995; De Lara González, 2015). Una estructura con estas características permite superar el ilógico "hágalo porque yo lo digo" (De Lara González, 2015) para llegar a un modelo de dirección en el que el periodista no solo entienda el porqué de las decisiones y estrategias que aborda la empresa en la que trabaja, sino que participe de ellas. En este sentido, autores como Steensen (2009) han defendido la autonomía y el empoderamiento de la redacción y de los individuos que la forman como factor clave para potenciar la innovación.

En los medios de comunicación innovadores con una organización poco jerárquica se favorece la formación de equipos de trabajo multidisciplinares. Los integrantes de estos grupos poseen especializaciones, habilidades y capacidades complementarios entre sí, lo que contribuye a la elaboración de piezas informativas más contextualizadas y completas (Arroyo Cabello, 2011; Peñafiel Sáiz, 2016). Cabe afirmar, por lo tanto, que la compensación entre los perfiles profesionales de los trabajadores que forman los equipos multidisciplinares aporta calidad y valor añadido a los productos periodísticos.

En lo referente a la especialización temática de los profesionales de medios, los equipos deben incluir perspectivas distintas para enriquecer las piezas informativas. Valero Pastor (2016) cita como ejemplo, en un post para el blog del Máster en Innovación en Periodismo de la Universidad Miguel Hernández, el nicho de *Medio Ambiente*. Al ser un fenómeno complejo y transversal, es imposible alcanzar una verdadera contextualización si solo nos aproximamos a él a través del prisma de los departamentos redaccionales y las secciones tradicionales. Es necesario hacerlo mediante un equipo que domine todas las perspectivas: la política, la económica, la científica, etc.

La especialización técnica también es esencial dentro de los grupos de trabajo. Mediante la incorporación de personal con habilidades y capacidades distintas, los medios innovadores se aseguran un producto periodístico más completo y con un formato más atractivo. Peñafiel Sáiz (2016: 176) repara en que en el nuevo ecosistema mediático los creadores de contenido y los desarrolladores web pueden trabajar juntos para conseguir "un enfoque integral, interconectado y con una nueva experiencia interpretativa". Arias Robles (2016) amplía esta lista de perfiles profesionales añadiendo ejemplos como el arquitecto de la información, el infografista, el *content curator* y el *social media planner*.

Los perfiles profesionales técnicos y humanísticos no solo conviven en la redacción de los medios digitales, sino que interactúan para mejorar la calidad del producto. Según Scolari (2008), en los grupos de trabajo los periodistas deben ser polivalentes y atesorar conocimientos básicos sobre programación, grafismo y otras disciplinas complementarias a su labor. De la misma manera, los grafistas y programadores deben entender las nociones elementales del periodismo.

En este contexto de equipos variados y organización horizontal de los flujos de trabajo, juega un papel importante la disposición del espacio de las redacciones, que afecta a la flexibilidad y la aparición de sinergias entre profesionales (García Santamaría et al, 2013; Robinson, 2011). Un artículo publicado en enero de 2017 en la web de Innovation Media Consulting Group establece recomendaciones para reinventar las redacciones, entre las que encontramos algunas referidas al espacio físico. La disposición de una redacción abierta y espaciosa en la que no haya lugares asignados para favorecer la asociación temporal de trabajadores en torno a temas de especialización comunes es una prioridad. Además, se aconseja establecer grandes mesas redondas en las que los profesionales puedan ser creativos. Se pretende convertir la redacción en un *think tank* abandonando la apariencia de fábrica, propia del periodismo industrial.

Con estas iniciativas se busca crear un clima propicio para la formación de grupos de trabajo creativos y compensados. Cabe resaltar que, en muchos casos, estos equipos son temporales y, al igual que los temas de interés o nichos que en algunos medios sustituyen a las secciones, varían de acuerdo con las demandas de la audiencia y las características del producto periodístico que se quiere alumbrar (Grubenmann, 2016).

2.3 Experiencias reales en la reformulación de secciones

Como se ha expuesto a lo largo de esta comunicación, la reformulación del producto periodístico y la innovación en la organización interna de las redacciones suele tener una estrecha relación. Cuando el panorama comunicativo ha cambiado, es necesario crear un nuevo producto mediante nuevas prácticas periodísticas.

El medio de comunicación Soitu, creado en 2007 y cerrado en 2009, se considera uno de los primeros nativos digitales verdaderamente innovadores en España. Su contribución a la reformulación de las secciones resulta destacable al sustituir este método de clasificación de noticias por nichos especializados. Estos bloques, además de desmarcarse de los temas en torno a los cuales se clasifican los contenidos en los medios tradicionales, eran consolidados, sustituidos o suprimidos por los usuarios de acuerdo con sus intereses (González Esteban, 2010).

El cambio en la forma de clasificar los contenidos surtió efectos en la organización de la empresa, ya que, por ejemplo, los redactores de la sección *Vida Urbana* constituían una red de colaboradores que no estaban en plantilla de Soitu. Se concedía con esto una confianza con pocos precedentes al fenómeno innovador del *crowdsourcing*. Sin embargo, según describe González Esteban, las cadenas de mando dentro del medio seguían siendo jerárquicas, y no se percibe en su completo análisis la formación de equipos multidisciplinares en torno a los nuevos temas.

Sin duda, el referente a nivel global de la tendencia a la reformulación de las secciones ligada a una nueva organización redaccional es Quartz (Grubenmann, 2016). Este medio situado entre las iniciativas más innovadoras en Estados Unidos en 2015 (Valero-Pastor, 2015) ha sido pionero en prescindir de las secciones entendidas como compartimentos estancos. Para Gideon Lichfield, uno de sus editores, las secciones son "miembros fantasma" heredados de los periódicos en papel. Por ello, el medio divide los contenidos y los flujos de trabajo en lo que ellos llaman obsesiones: grandes temas de interés que se encuentran en constante revisión para recoger siempre las preocupaciones de su audiencia.

3. Metodología

La investigación sobre la innovación mediática en las redacciones se basa en el análisis de los flujos de trabajo y perfiles profesionales que allí concurren, realidades complejas construidas socialmente que son imposibles de analizar si no es en relación con otros actores del sistema (Latour, 2005). El estudio de casos se percibe como un método válido para examinar este tipo de fenómenos que requieren ser presentados en su contexto. Esta metodología ha sido empleada con frecuencia para describir los cambios en la configuración de las empresas periodísticas durante la época en la que la convergencia constituía la mayor preocupación para la industria y la academia en este sentido (Boczkowski, 2004; Singer, 2004).

García Avilés y Carvajal Prieto (2008) abogan a favor del estudio de casos para explicar la organización de las empresas al dotar al investigador de herramientas tales como las entrevistas, la observación participante, los cuestionarios o los documentos bibliográficos, que permiten una contextualización suficiente de los fenómenos estudiados. En la presente comunicación vamos a emplear este método para hacer un análisis cualitativo del producto periodístico elaborado por los medios propuestos, además de entrevistas en profundidad sus responsables para conocer mejor la estructura interna de las redacciones en las que se crean estos productos.

Para este trabajo, consideramos cibermedios innovadores aquellos que hacen esfuerzos continuos para adaptarse a este ecosistema en constante cambio. Nos hemos guiado para ello de estudios previos sobre la innovación mediática realizados en la Universidad Miguel Hernández, como son el Ránking de Innovación Periodística 2014 del Grupo de Investigación en Comunicación de la Comunidad Valenciana (De Lara González et al, 2015) y un artículo homólogo para el caso de Estados Unidos, publicado en la revista Miguel Hernández Communication Journal (Valero-Pastor, 2015).

El primer medio seleccionado por su relevancia y su amplia experiencia en reformulación de secciones y formación de equipos de trabajo es Quartz. Partimos de la hipótesis de que este es un medio innovador en este sentido a juzgar por las observaciones previas de su producto, las declaraciones de sus editores y su repercusión en la literatura académica. Por ello, profundizamos más en estas evidencias bibliográficas para ofrecer una visión más cercana de lo que significa reinventar la categorización de los contenidos y la organización del trabajo periodístico.

Eldiario.es es el segundo medio que se estudia en esta comunicación. El nativo digital español se ha consolidado como uno de los medios más innovadores del país (De Lara González et al, 2015). Eldiario.es organiza sus contenidos en secciones similares a las tradicionales, pero también recurre, en otro nivel de consumo de su producto periodístico, a una nueva clasificación por nichos o *focos*. En nuestra investigación pretendemos determinar qué tipo de cambios entrañan los *focos* para la producción y el consumo de los contenidos. Para ello, se recurre al método de la entrevista en profundidad; concretamente, con uno de los subdirectores del medio, Juan Luis Sánchez. Tanto el análisis de contenidos y bibliografía para el caso de Quartz como la entrevista para eldiario.es se realizaron entre febrero y marzo de 2017.

4. Análisis de resultados

4.1 Las *obsesiones* de Quartz

Desde su creación por Atlantic Media en 2012, Quartz ha sido un medio innovador que ha perseguido la adaptación a las nuevas formas de consumo de contenidos periodísticos en Internet. Dos de los elementos que más interés académico generaron en sus primeros años de vida fueron el Brief, una newsletter innovadora que más tarde, tras un rediseño, acabó sirviendo de portada del medio, y las *obsesiones*. Las *obsesiones* de Quartz son fenómenos de interés que sustituyen a las secciones tradicionales en un medio en el que no es necesario, sino más bien contraproducente, categorizar los contenidos en especializaciones clásicas.

Gideon Lichfield (2012), uno de los editores de Quartz, asegura que es importante que los medios miren a las noticias como la haría una persona, y no como una organización. La audiencia dirige su interés hacia temas transversales que no se corresponden, y no se podrían clasificar, con las categorías tradicionales. De esta manera, la *obsesión* Crisis económica atrae más la atención de los usuarios que la sección tradicional Economía, ya que no solo se incluyen informaciones macroeconómicas, sino que la microeconomía y otros temas transversales, como la tecnología, también tienen cabida. Por lo tanto, podemos afirmar que el mayor objetivo de las *obsesiones* es el de apa

El carácter de las *obsesiones* de Quartz es cambiante y dinámico. El propio Lichfield define estos temas como "una colección de fenómenos en constante evolución". También en contraposición con el concepto tradicional de sección, el editor explica que las *obsesiones* de Quartz son categorías cambiantes que pueden ser eliminadas, modificadas o añadidas dependiendo de las tendencias en los intereses de la audiencia y de los cambios drásticos que se producen en el mundo sobre el que se quiere informar.

Los efectos de estas nuevas formas de organizar los contenidos trascienden la categorización de los contenidos informativos y la estructuración del producto periodístico, ya que los flujos de trabajo y las prácticas de los profesionales de Quartz están íntimamente ligadas a la reformulación de las secciones. Los editores del medio norteamericano consideran una ventaja no tener que ceñirse al modelo tradicional de organización de la empresa en departamentos-secciones, por lo que la redacción de Quartz, al igual que los temas de interés, es cambiante. Periodistas con especializaciones diversas se organizan en equipos multidisciplinares de trabajo para aportar a las obsesiones todo el contexto informativo necesario.

Los perfiles profesionales de los periodistas que trabajan en la redacción de Quartz tienen en común la especialización y la capacidad para colaborar en equipos. Como afirma Grubenmann (2016), el medio ha hecho una apuesta por la flexibilidad y la especialización, por lo que los profesionales que forman su plantilla deben atesorar un gran nivel de conocimiento sobre su área, pero también deben ser capaces de entender otras materias y poder trabajar junto a periodistas que provienen de otras ramas.

4.2 Los *focos* de eldiario.es

Eldiario.es es un medio de comunicación nativo digital fundado en 2011. Es considerado una de las iniciativas más innovadoras en el ámbito periodístico español (De Lara González et al., 2015), y su modelo de financiación híbrido entre publicidad y suscripción ha sido objeto de diversos estudios tras demostrarse su viabilidad económica (González Esteban, 2014). En septiembre de 2016, eldiario.es ideó una nueva forma de categorizar sus contenidos, con *focos* como temas de interés en torno a los que agrupar las informaciones.

En la web del medio, observamos que los contenidos resultan navegables de dos modos diferentes. Por un lado, encontramos un menú superior en el que las pestañas se corresponden con las secciones tradicionales. Entre ellas se encuentran las clásicas divisiones de Política, Economía, Cultura y Opinión, aunque también otras exclusivas de eldiario.es, como son Desalambre y Vertele. Justo debajo del menú de secciones se encuentra el de *focos*, con temas como Corrupción y fraude, Vigilancia del poder, Salud, Igualdad y LGTBI, entre otros.

El subdirector del medio Juan Luis Sánchez asegura que los *focos* constituyen una manera de adaptarse a cómo se distribuye y se consume la información en internet, algo en lo que eldiario.es "va evolucionando". Puesto que la audiencia no consume los medios pensando en secciones, sino más bien en intereses, eldiario.es busca conseguir con los *focos* una fórmula en la que los contenidos se adapten a esta segmentación. A este respecto, cabe destacar el rediseño de la aplicación móvil de eldiario.es, en cuya nueva versión los *focos* adoptan un papel protagonista. Cuando el usuario accede a la aplicación, lo primero que ve es una lista de temas entre los que puede elegir para que el software le seleccione, en cada visita a la aplicación, las piezas informativas que más le interesan. Esta lista está constituida por ámbitos regionales, autores destacados, pero sobre todo por los *focos*. Por lo tanto, las prioridades editoriales de eldiario.es también sirven para adaptarse al consumo en dispositivos móviles en un ecosistema en el que estos representan la mayoría del tráfico en Internet.

Además de servir al medio para encajar en una nueva manera de consumo del producto informativo, el objetivo principal de los *focos* es el de establecer las prioridades editoriales que interesan a eldiario.es como medio. De la misma manera que medios como La Marea han propuesto una serie de temas como *banderas editoriales* de su entidad, eldiario.es establece una serie de fenómenos o categorías que concuerdan con sus principios y sus preocupaciones. Así, a la vez que se definen los objetos generales sobre los que eldiario.es va a crear contenidos, los *focos* contribuyen a generar una imagen de marca vinculada al compromiso social en diferentes ámbitos.

En cuanto a la forma de organizar los flujos del trabajo en la redacción del medio, eldiario.es cuenta con departamentos tradicionales. Los periodistas están vinculados a divisiones que se corresponden con las secciones clásicas, y que son dirigidas por redactores jefe. Estas secciones son Política, Economía, Política Social, Cultura y Tecnología y Portada. Sin embargo, esta adscripción no impide a los periodistas desarrollar informaciones de *focos* muy diversos. Por ejemplo, en la categoría de LGTBI pueden y deben tener cabida noticias elaboradas desde especializaciones muy diferentes, ya que es un tema transversal que tiene relación con la política, la economía, la política social y la cultura. Para Juan Luis Sánchez, con la puesta en marcha de los *focos,* "también se intenta fomentar la creatividad y romper la asociación entre temas. A pesar de que LGTBI ha tenido siempre relación con la sección de Sociedad, es un tema que no se puede reducir a eso".

En este contexto, los perfiles profesionales de los periodistas que trabajan en eldiario.es, a pesar de ser muy diversos, tienen un denominador común: la especialización abierta. Los responsables del medio evitan la transformación de sus redactores en "hombres y mujeres orquesta" mediante la especialización inherente a la adscripción a un departamento tradicional. Al mismo tiempo, se mantiene una vía de creatividad y cultura general que permite a los periodistas trabajar con temas que, si bien tienen relación con su especialización general, tradicionalmente han correspondido a otros departamentos de los medios.

4.3 Comparativa entre las *obsesiones* de Quartz y los *focos* de eldiario.es

El subdirector de eldiario.es Juan Luis Sánchez revela que el medio innovador español ha encontrado en Quartz una fuente de inspiración para adaptarse a la manera de distribuir los contenidos en Internet. El equipo de eldiario.es se ha fijado en las *obsesiones* del digital americano para generar los *focos*. Sin embargo, el concepto de categorización ideado por el medio español se ha distanciado de su referente en algunos aspectos, bien por la disponibilidad de recursos de las empresas o por la diferencia de objetivos de ambas, que hacen que el carácter de la iniciativa resulte diferente en los dos casos.

Como se ha mencionado anteriormente, la definición que el editor de Quartz Gideon Lichfield aporta sobre las *obsesiones* incluye el concepto de evolución constante de los temas. Para el medio norteamericano, sus preocupaciones evolucionan al ritmo que lo hace la sociedad y el interés de la audiencia, ya que su objetivo principal es el de adaptarse al consumo de contenidos segmentado por intereses. En cambio, la idea predominante en eldiario.es al habilitar sus *focos* es la de establecer unos principios editoriales que también hablen del medio como marca. Aunque no se descarta que haya cambios en los temas a largo plazo como resultado de la iteración del producto por ajustarse mejor a los intereses de la audiencia, los *focos* son temas fijos. En palabras de Juan Luis Sánchez, "el núcleo duro de nuestros intereses editoriales no va a cambiar. Estamos con la igualdad, estamos con el medio ambiente, estamos en los debates que tienen que ver con cómo hacer mejores ciudades, o sobre creación cultural... Eso no va a cambiar en un año ni en dos, porque son nuestros principios".

Cabe destacar que el hecho de que eldiario.es considere primordial la función de sus *focos* como preocupaciones editoriales no está reñido con el objetivo de adaptación al consumo segmentado por parte de la audiencia en Internet. De hecho, encontramos otra diferencia entre las iniciativas de eldiario.es y Quartz en el empleo de los temas de interés para estructurar el contenido en la aplicación móvil. El medio español ha aprovechado su categorización para dirigir de forma más precisa sus informaciones a través de dispositivos móviles a usuarios que estén interesados en ciertos temas. Por su parte, la aplicación móvil de Quartz plantea una propuesta comunicativa diferente que invita a los usuarios a interactuar con la interfaz a modo de conversación distendida. Un método que muchos medios empiezan a emplear en la actualidad mediante la creación de bots en la aplicación de mensajería instantánea Telegram.

Es en lo referente a la organización de los flujos de trabajo donde una mayor diferencia entre el planteamiento de ambas empresas se hace patente. Mientras que la redacción de Quartz prescinde de los departamentos tradicionales y los sustituye por grupos de trabajo multidisciplinares que evolucionan a la par que las *obsesiones*, eldiario.es se organiza de una forma similar a la manera clásica. Los trabajadores están adscritos a las divisiones del medio que dirigen los redactores jefes. Sin embargo, los *focos* sirven a eldiario.es para evitar la endogamia temática en los departamentos, ya que son una ventana para que los redactores traten temas fronterizos desde la especialización que atesoran. Es por ello que podemos afirmar que, a pesar de que ambos medios cuentan con modelos de organización diferentes, los perfiles profesionales de sus trabajadores reúnen dos condiciones: la especialización temática y la apertura de miras que aporta la transversalidad.

La siguiente tabla resume las principales diferencias entre Quartz y eldiario.es en lo referente a los temas de interés:

	Quartz	Eldiario.es
Denominación	Obsesiones	Focos
Carácter	Cambiante, dinámico	Fijo
Objetivo principal	Adaptarse al consumo segmentado por intereses	Preocupaciones editoriales
Otros objetivos	- Preocupaciones editoriales - Agilizar el trabajo periodístico - Mejorar el contexto de los temas	- Adaptarse al consumo segmentado por intereses - Mejorar el contexto de los temas - Mejorar la experiencia en dispositivos móviles
Organización	Equipos multidisciplinares cambiantes en torno a obsesiones	Adscritos a departamentos
Perfil profesional	Especialización abierta	Especialización abierta

5. Discusión

Tras la observación de estos casos y la revisión de informes profesionales y académicos, podemos afirmar que la adaptación a las nuevas formas de consumo del periodismo en Internet es una preocupación entre los medios más innovadores. A pesar de que la mayoría de las iniciativas mediáticas digitales han sido concebidas con la noción tradicional de las secciones, existen medios que buscan fórmulas alternativas para relacionarse de manera adecuada con la fragmentación de los contenidos en la Red. En esta comunicación se han estudiado eldiario.es y Quartz por considerarse pioneros en sus respectivos ámbitos territoriales. Sin embargo, convendría ampliar la lista de medios analizados en futuras investigaciones para poder extraer conclusiones globales.

En particular, eldiario.es es un medio que nació con secciones, y todavía las mantiene en el nivel organizativo interno, pero cuyo producto periodístico ha evolucionado recientemente. Con la creación de los *focos* se remarcan los principios editoriales del medio, al tiempo que se atiende mejor a la demanda de contenidos de la audiencia, se enriquece el contexto de las informaciones y se potencia la experiencia en dispositivos móviles. Por su parte, Quartz ya fue lanzado por Atlantic Media con el concepto de las *obsesiones* como base de su estrategia de creación y distribución de contenidos. Estos temas de interés tienen un carácter cambiante y agrupan en torno a ellos a equipos de periodistas con especializaciones diferentes, cuya colaboración con el resto también es temporal.

Llama la atención la manera de trabajar en el medio norteamericano, por lo que consideramos que podría ser objeto de una futura investigación en profundidad. Convendría incluir en ella entrevistas a los responsables del medio, con los que ha sido imposible contactar en esta ocasión. Además, para mejorar los resultados obtenidos en esta comunicación, consideramos que sería pertinente una investigación de campo en las redacciones con la que poder examinar de qué manera influye en el trabajo cotidiano la sustitución de las secciones por temas de interés, o la combinación de ambos conceptos en diferentes niveles del proceso periodístico.

6. Bibliografía

- Arias Robles, F. (2015). *El hipertexto periodístico. Influencia en el mensaje, el emisor y el receptor de la información.* Universidad Miguel Hernández

- Arias Robles, F. (2016). Redacción periodística en la Red. Del enlace a las nuevas narrativas. Murcia: Diego Marín.

- Arroyo Cabello, M. (2011). Aproximación al perfil del periodista en la postmodernidad. *Razón y palabra, 76,* 11.

- Boczkowski, P. J. (2004). *Digitizing the News: Innovations in Online Newspapers.* Cambridge, Massachussets (EEUU): MIT Press.

- Bruns, A. (2006). Towards Produsage: Futures for User-Led Content Production. *Cultural Attitudes towards Communication and Technology, 2006,* 275-284.

- Bucher, T. (2016). The algorithmic imaginary: exploring the ordinary affects of Facebook algorithms. *Information, Communication & Society, 4462*(April), 1-15.

- Campos, F. (2008). Las redes sociales trastocan los modelos de los medios de comunicación tradicionales. *Revista Latina de Comunicación Social, 11*(63), 277-286.

- Canga Larequi, J. (2001). Periodismo e Internet: Nuevo medio, vieja profesión. *Estudios sobre el mensaje periodístico, 7,* 33-48.

- Carvajal Prieto, M. (2013). Estrategias de distribución del contenido periodístico en soportes móviles: Análisis comparativo de los principales editores de prensa española. En *Hacia el periodismo móvil* (pp. 33-49).

- Carvajal Prieto, M. (2015). Economía del periodismo: modelos de negocio en la era de las plataformas. En J. A. García Avilés, J. L. Ferris, y J. L. González (Eds.), *Innovar en Periodismo.* (pp. 155-170). Murcia: Diego Marín.

- Chung, D. S. (2007). Profits and Perils: Online News Producers' Perceptions of Interactivity and Uses of Interactive Features. *Convergence: The International Journal of Research into New Media Technologies, 13*(1), 43-61.

- Crovi, D. (2006). ¿Es Internet un Medio De Comunicación? *Revista Digital Universitaria, 7*(6), 1-9.

- De Lara González, A. (2015). Organizarse para innovar en las redacciones. En J. A. García Avilés, J. L. Ferris, & J. L. González (Eds.), *Innovar en Periodismo.* (pp. 135-142). Murcia: Diego Marín.

- De Lara González, A., Arias Robles, F., Carvajal Prieto, M., y García Avilés, J. A. (2015). Ranking de innovación periodística 2014 en España. Selección y análisis de 25 iniciativas. *El Profesional de la Información, 24*(3), 235.

- Deuze, M. (2004). What is Multimedia Journalism? *Journalism Studies, 5*(April), 139-152.

- Deuze, M., y Witschge, T. (2017). Beyond journalism: Theorizing the transformation of journalism. *Journalism,* 1-17.

- Díaz Noci, J. (2009). Multimedia y modalidades de lectura: Una aproximación al estado de la cuestión. *Comunicar, 16*(33), 213-219.

- Diezhandino Nieto, M. P. (1993). El periodismo de servicio, la utilidad en el discurso periodístico. *Anàlisi : quaderns de comunicació i cultura,* (15), 117-125.

- García Avilés, J. A., y Carvajal Prieto, M. (2008). Integrated and Cross-Media Newsroom Convergence: Two Models of Multimedia News Production. The Cases of Novotecnica and La Verdad Multimedia in Spain. *Convergence: The International Journal of Research into New Media Technologies, 14*(2), 221-239.

- García Santamaría, J. V., Clemente Fernández, M. D., y López Aboal, M. (2013). La organización de las redacciones en los nuevos diarios digitales españoles y su relación con los nuevos modelos de negocio. *Text and Visual Media*, *6*, 141-160.

- González Esteban, J. L. (2009). Modelos de periodismo local y estrategias ante la crisis : el caso del News & Observer. *Revista Latina de Comunicación Social*, *64*, 151-160.

- González Esteban, J. L. (2010). Auge y caída de Soitu, un ejemplo de medio nativo digital en España. *Comunicación y Sociedad*, *23*(2), 267-288.

- González Esteban, J. L. (2014). La transformación del ecosistema mediático español: el caso de eldiario.es. *Revista Mediterránea de Comunicación*, *5*(2).e

- Grubenmann, S. (2016). Innovation in and from the newsroom. Factors influencing innovation in legacy media (tesis doctoral). Universidad de St. Gallen, St. Gallen, Suiza.

- Innovation Media Consulting. (2016). *How to Reinvent the Newsroom for the Mobile Age*.

- Jarvis, J. (2015). *El fin de los medios de comunicación de masas*. (J. Paredes, Trad.). Barcelona: Gestión 2000.

- Latour, B. (2005). *Reassembling the social: An introduction to actor-network-theory*. Oxford: Oxford University Press.

- Lichfield, G. (2012). Elephants, Obsessions and Wicked Problems. A New Phenomenology of News. Recuperado a partir de https://newsthing.net/2012/09/16/quartz-obsessions-phenomenology-of-news/

- Marchetti, D. (2008). El análisis sociológico de la producción de información. *Comunicación y Medios*, *18*, 19-29.

- Meso Ayerdi, K., y Díaz Noci, J. (2005). Perfil profesional de los periodistas. En R. Salaverría (Ed.), *El impacto de internet en los medios de comunicación en España* (pp. 257-278). Sevilla: Comunicación Social Ediciones y Publicaciones.

- OECD y Eurostat. (2005). *Manual de Oslo. Analysis* (Vol. 30).

- Palacios, M., Barbosa, S., da Silva, F., y da Cunha, R. (2015). Mobile Journalism and Innovation: A Study on Content Formats of. Emerging Perspectives on the Mobile Content Evolution, 239. En J. M. Aguado, C. Feijóo, y I. J. Martínez (Eds.), *Emerging*

Perspectives on the Mobile Content Evolution (pp. 239-262). Hershey: IGI Global.

- Peñafiel Sáiz, Carmen (2016). Reinvención del periodismo en el ecosistema digital y narrativas transmedia. En: *adComunica. Revista Científica de Estrategias, Tendencias e Innovación en Comunicación*, 12. Castellón: Asociación para el Desarrollo de la Comunicación adComunica, 163-182.

- Quinn, S. (2005). Convergence's fundamental question. *Journalism Studies*, 6(1), 29-38.

- Robinson, S. (2011). Convergence crises: News work and news space in the digitally transforming newsroom. *Journal of Communication, 61*(6), 1122-1141.

- Rodríguez de las Heras Pérez, A. (1991). *Navegar por la información*. Madrid: Fundación para el Desarrollo de la Función Social de las Comunicaciones, D.L.

- Rosen, J. (2006). The people formerly known as the audience. Recuperado a partir de http://archive.pressthink.org/2006/06/27/ppl_frmr.html

- Ruiz Acosta, M. J. (1996). *Sevilla e Hispanoamérica: prensa y opinión pública tras el Desastre de 1989*. Sevilla: Escuela de Estudios Hispano-Americanos.

- Salaverría, R. (2005). *Cibermedios: el impacto de Internet en los medios de comunicación en España*. Salamanca: Comunicación Social Ediciones y Publicaciones.

- Scolari, C. A., Sanz, J. L. M., Guere, H. N., y Kuklinski, H. P. (2008). El periodista polivalente. Transformaciones en el perfil del periodista a partir de la digitalización de los medios audiovisuales catalanes. *Zer, 13*(25), 37-60.

- Singer, J. B. (2004). Strange bedfellows? The diffusion of convergence in four news organizations. *Journalism Studies, 5*(1), 3-18.

- Steensen, S. (2009). WHAT'S STOPPING THEM? Towards a grounded theory of innovation in online journalism. *Journalism Studies, 10*(1), 821-836.

- Tameling, K., y Broersma, M. (2013). De-converging the newsroom: Strategies for newsroom change and their influence on journalism practice. *International Communication Gazette, 75*, 19-34.

- Valero-Pastor, J. M. (2015). Tendencias de la innovación mediática en Estados Unidos. *Miguel Hernández Communication Journal, 7*, 161-193.

- Valero-Pastor, J. M. (2016). ¿Cómo organizar los contenidos en un medio digital? De las secciones a las «obsesiones». Recuperado a partir de http://mip.umh.es/blog/2016/12/03/nuevas-formas-organizar-secciones-medios/

- Yezers'ka, L. (2008). Impacto de internet en el trabajo de los periodistas digitales en Perú. *Revista de Comunicación, 7*(7), 108-138.

CAPÍTULO II

DE LA PRENSA A LA WEB: EVOLUCIÓN Y DESARROLLO EN LA ÚLTIMA DÉCADA DE CINCO MEDIOS LOCALES DE COLOMBIA. UN ESTUDIO SOBRE MIGRACIÓN DE LA PRENSA ESCRITA A DIGITAL

María Fernanda Pacheco Cobos[2]
Giovanni Bohórquez-Pereira[3]
Universidad Pontificia Bolivariana

Resumen

La presente investigación tiene como objetivo primordial, registrar los resultados de un estudio de corte cualitativo centrado en narrar el transito que en la última década han trasegado cinco medios informativos locales que migraron de lo tradicional (prensa escrita) a lo digital. El artículo aporta elementos a la discusión sobre el aprovechamiento de las plataformas digitales, y al mismo tiempo muestra, al menos en el grupo de estudio, el peligro de su supervivencia como medio al tener que asumir y enfrentar los cambios de la globalización informativa y económica.

El proyecto se desarrolló a través de fases de indagación, clasificación, ubicación y contacto a partir de lo planteado por Rey y Novoa (2012). Mediante fichas de caracterización se establecieron como criterios para la selección de los medios a estudiar: antigüedad, vigencia y periodicidad. Se realizaron contactos con los directores y administradores de dichos medios periodísticos y a través de entrevistas directas se consultó sobre las dinámicas de sus audiencias, equipos de trabajo, contenido multimedia, interactividad y las redes sociales que emplean al momento de difundir.

Los análisis realizados indican que los dos periódicos (Vanguardia Liberal y El Frente) y las tres revistas (Plataforma, La Ponzoña y El Crisol) muestran un avance en la interacción con el usuario, pero no es contundente. Las

---

[2] Estudiante en Formación de X Semestre de Comunicación Social-Periodismo, de la Universidad Pontificia Bolivariana, Seccional Bucaramanga, Colombia. Integrante activa del Semillero de Investigación U´wa Werjayá de la Facultad de Comunicación Social-Periodismo de la misma universidad.

[3] Comunicador Social-Periodista, Magíster en Ciencia Política, Docente Asociado de la Universidad Pontificia Bolivariana, Seccional Bucaramanga, Colombia. Coordinador del Semillero de Investigación U´wa Werjayá de la Facultad de Comunicación Social-Periodismo de la misma universidad.

redes sociales son visibles en los cinco medios, sin embargo, no son poten-
cializadas y se limitan a replicar contenidos de su propia página. Por otra
parte, su equipo de trabajo para el ámbito tradicional no es equivalente al
número de personas encargadas de lo digital, y su contenido multimedia
permite saber que si bien éstos medios han migrado hacia lo digital, no se
realiza un aprovechamiento de las herramientas.

Palabras clave

Informativos digitales, Migración digital, Periodismo, Redes sociales, Interacción.

1. Introducción

El objetivo general de esta investigación es conocer el proceso de evolución
y desarrollo de cinco medios informativos ubicados en el oriente colombiano que han migrado desde lo tradicional hacia lo digital.

Estudios como los de Bachmann &. Harlow (2012), Iglesias García (2012) y
Martínez-García (2016) registran cómo el proceso ha sido más complejo y
lento de lo que se pensó en un momento, en parte por no estar preparados
en su estructura técnica, personal y administrativa para sortear las nuevas
posibilidades que la era digital oferta y esto se convierte en un aspecto relevante de la presente investigación, cuyo interés se centró en analizar y describir cómo se está llevando a cabo este proceso en los medios creados desde
Bucaramanga, Santander.

Es importante resaltar que en Colombia este tipo de investigaciones se han
venido realizando de manera reciente, García (2012), Hernández Rodríguez
(2016) y Barrios Rubio (2016) son una muestra de ello. Sin embargo, el trabajo de mayor tradición y que motivó el presente estudio, fue el elaborado
por Germán Rey y José Luis Novoa (2012) titulado "Estudio de Medios Digitales".

Los autores de manera precisa y detallada muestran el proceso de evolución
de estos medios en nuestro país y son enfáticos en afirmar que en ningún
momento buscaron respuestas cerradas o unívocas, ni tampoco que los "datos representen la verdad sobre el estado de los nuevos medios. Estamos
explorando un mundo que nace ante nuestros ojos: mal podríamos perse-
guir certezas inamovibles en este *big bang*..." (Rey y Novoa, 2012, p.5).

De ahí que la relevancia y pertinencia de la presente investigación radica
desde varias perspectivas, la primera se relaciona con la Sociedad de la Información, propuesta por Marí Sáez (2011) cuando afirma que "la web 2.0
supone una de las máximas vías de desarrollo del potencial de Internet,
existentes en la actualidad", concretándose así los rasgos específicos y no-
vedosos que introducen los nuevos medios digitales.

La segunda está orientada a lo local, puesto que los cinco medios estudiados, en este análisis, aparecen relacionados en el trabajo de Rey y Novoa (2012) y hechas las revisiones bibliográficas pertinentes no se registran investigaciones en la zona oriental colombiana que indiquen cómo se originaron o en su defecto cómo dichos medios transitaron de lo tradicional a lo digital.

Un tercer punto tiene que ver con lo académico-formativo, toda vez, que fueron los estudiantes integrantes del semillero de investigación, U`wa Werjayá, de la Facultad de Comunicación Social-Periodismo de la UPB, Bucaramanga, quienes propusieron y asumieron el ejercicio, con el máximo interés de aplicar y evidenciar en la realidad conceptos de investigación asimilados en las aulas.

Sobre lo anterior es que se formuló la pregunta problema: ¿Cómo ha sido el proceso de evolución y desarrollo de los medios informativos digitales creados desde Bucaramanga en la última década?

A fin de llegar a respuestas importantes, se establecieron como objetivos específicos: identificar los medios informativos de tipo digital nativo y periodístico de alcance nacional creados desde Bucaramanga, conocer las estructuras administrativas y los equipos humanos de trabajo; establecer el diseño, la interactividad y la narrativa que prevalecen en los medios informativos digitales creados y formular de manera general lineamientos que aporten a los medios informativos digitales locales para el fortalecimiento e interacción con sus comunidades participativas.

Por ser un ejercicio de corte formativo y de análisis, más que una investigación estricta, se acordó analizar cinco medios cuyas características se basan en la antigüedad, la vigencia y la periodicidad. Se proyecta para una segunda fase estudiar medios digitales que han surgido y se han difundido desde municipios de Santander.

2. Migración de medios hacia lo digital

La migración de los medios informativos hacia lo digital surge como una forma útil, diferente y ambiciosa de llevar los contenidos al público. Las experiencias que se pueden evidenciar sobre esta nueva modalidad de informar se encuentra en la mayoría de los medios dedicados a la prensa escrita, los cuales han mostrado un manifiesto interés por hacer parte de la globalización virtual, sin dejar de lado a otros medios como la radio y la televisión.

Las tecnologías de la información y la comunicación basadas en la microelectrónica permiten la combinación de todos los tipos de comunicación de masas en un hipertexto digital, global, multimodal y multicanal. La capacidad interactiva del nuevo sistema de comunicación da paso a una nueva forma de comunicación, la auto comunicación de masas, que multiplica y diversifica los puntos de entrada en el proceso de comunicación (Castells, 2009).

Así, el periodismo se ha transformado debido al desarrollo de contenidos con características específicas para adaptarse a los formatos de Internet (Navarro, 2004) Los contenidos se han adaptado a la modalidad de recepción de los mismos y, en general, a los desarrollos y paradigmas de las Nuevas Tecnologías de la Información (Navarro, 2004).

Entre los desarrollos, se encuentran la actualización de noticias en tiempo real, la no secuencialidad de la lectura con el uso del hipertexto, la interactividad y la personalización. Esto ha venido acompañado por cambios en la dinámica de producción de contenidos y en la relación de los medios con las audiencias.

El cambio tecnológico esencial que liberó todas las potencialidades de las redes fue la transformación de las Tecnologías de la Información y la Comunicación, basada en la revolución de la micro eléctrica que tuvo lugar en las décadas de los cuarenta y cincuenta.

Lo anterior creó las bases de un nuevo paradigma tecnológico que se difundió rápidamente el mundo, dando paso a lo que Manuel Castells (2009) denomina como la era de la información. Un proceso, que según William Mitchell (2007) se caracteriza por la proliferación de aparatos portátiles que "proporcionan capacidad informática y de comunicación ubicua", expandiendo el cuerpo y la mente humana. En ese sentido, las nuevas organizaciones mediáticas cambiarían sus estructuras hacia un entramado denominado: sociedad red.

Así, según Castells, (2009) las redes informáticas están transformando profundamente la naturaleza de las comunidades y también las relaciones interpersonales. La sociedad red hace referencia a "humanos organizados alrededor de proyectos e intereses; pero no son actores aislados", ya que el ejercicio del poder en la sociedad red requiere de un complejo grupo de acción conjunta que trasciende las alianzas hasta convertirse en una nueva forma de sujeto.

De igual manera, Castells (2009) incluye que su dimensión es compartir libremente el conocimiento y los descubrimientos para la innovación en la era de la información. Para comprender los impactos de estas nuevas dinámicas, se requiere incluir el concepto de interactividad, que para Marí Saéz (2011) es una de las características distintivas de los medios digitales, que abre la puerta a un potencial de participación, horizontalidad y construcción en Red por parte de emisores y receptores.

Esto, en conexión con las nuevas tecnologías participativas no desplaza a las anteriores ni se suceden linealmente en una cuenta regresiva hacia el paraíso digital, sino que transforman el ecosistema al interactuar entre ellas y dar lugar a nuevas configuraciones.

Así, la sociedad red es fundamental para comprender el contexto en el que interactúan los medios con sus públicos, sus dinámicas de trabajo; que además operan bajo la lógica del Internet, tejido de nuestras vidas en este momento, es un medio para todo el conjunto de la sociedad y, de hecho, a pesar de ser tan reciente, en su forma societal (como sabemos, internet se construye, más o menos, en los últimos treinta y un años, a partir de 1969, a partir de la existencia de un browser, del world wide web), es un medio de comunicación, de interacción y de organización social.

Los elementos mencionados constituyen la estructura básica que orientó el presente estudio que busca conocer qué ventajas, desventajas y/o aprendizajes han adaptado los medios informativos en sus contenidos desde su migración de lo tradicional hacia lo digital.

3. Algunos fundamentos de lo impreso a lo digital

Gracias a la convergencia y las nuevas tecnologías, los lectores de periódicos ya no son sólo el público receptor de un mensaje, usuarios pasivos que consumían un mensaje. El nuevo entorno digital permite a los ciudadanos crear y difundir noticias e información (Bowman y Willis, 2003; Deuze y Brunz 2007).

Las audiencias –usuarias de blogs, redes sociales y otras plataformas similares – pueden hacer mucho más que escribir una carta al director de un medio o reenviar un artículo vía correo electrónico. Conocedores de las capacidades de Internet, los actuales lectores de periódicos esperan un cierto nivel de interactividad de un sitio web informativo, lo que obliga a los medios tradicionales a repensar el proceso de producción de noticias y quién puede participar en él (Hayes et al., 2007).

Aquellos estudios que han examinado por qué los periódicos permiten la participación de los usuarios en sus sitios sugieren que se debe a una mezcla de ideales democráticos –abrir espacios de participación– e intereses comerciales por aumentar el tráfico web (Jenkins, 2006; Vujnovic et al., 2010).

Así, se busca en Internet una salida a los problemas originados por las caídas en circulación y los menores ingresos publicitarios de la prensa (Paterson y Domingo, 2008). Sin embargo, un informe reciente mostró que el 20% de las iniciativas de periodismo digital en América Latina no obtiene ganancias (Fundación Nuevo Periodismo Iberoamericano, 2011).

Dadas las condiciones a las que la tecnología lleva, es propicio extender la categorización para arriesgarse a hablar de medios de comunicación nativos digitales y medios de comunicación inmigrantes digitales. Los nativos digitales son aquellos que se crean para vivir en el ámbito digital, y no han habitado, ni lo harán, en el universo analógico. Esto señala a la totalidad de periódicos, revistas, emisoras y contenidos de televisión nuevos que surgen en la red, para convivir con todo lo que implica este nuevo escenario.

Del otro lado están los medios tradicionales, que dan el paso para ubicarse en la red y de esta manera asumen posiciones de vanguardia. Una muestra relevante son los periódicos más influyentes de América Latina que trasladan su cuerpo impreso a una versión digital desde mediados de la década de los noventa.

La prensa es el primer medio de comunicación que la gente vio migrar a la red. En los inicios de este movimiento, periodistas y editores se inclinaron por hacer el trabajo fácil y se limitaron a llevar la información del impreso al canal electrónico. Este hecho generó la discusión acerca de cambios que debían presentarse en la forma y los contenidos de los medios digitales.

Tras las exigencias del nuevo orden los periódicos inmigrantes empezaron a modificarse, haciendo uso de las herramientas propias de la informática y la telemática así como de las teorías que alrededor del discurso ciberperiodístico empezaron a producirse.

4. Metodología

Para responder a los objetivos específicos de la investigación, es necesario considerar las características del objeto de estudio, que se ubica en los medios informativos digitales, sus estructuras administrativas, la interactividad y la narrativa, que prevalecen en los medios informativos digitales creados en Bucaramanga. Por ello, el enfoque cualitativo fue el patrón para su desarrollo, pues es necesario un reconocimiento de las situaciones que rodean el fenómeno elegido.

Sandoval Casilimas, (1996) asegura que el terreno de las Ciencias Sociales busca establecer cuáles son las ópticas que se han desarrollado para concebir y mirar las distintas realidades, así como también comprender la lógica de los caminos, que se han construido para producir, intencionada y metódicamente conocimiento sobre ellas y en ese camino conocer las distintas experiencias que se han realizado en torno al tema indagado.

El alcance de la investigación se ubicó en lo exploratorio-descriptivo, si bien la temática de los medios informativos digitales se encuentra en auge, tanto nacional como internacionalmente, hecha la revisión bibliográfica en el ámbito local y regional, no se registraron investigaciones que aborden el escenario de la migración de lo tradicional hacia lo digital en cuanto a los medios informativos en la zona oriente colombiana.

Se reitera que el proyecto tomó como referente conceptual para las definiciones de las variables utilizadas los trabajos investigativos de Rey y Novoa

(2012), Meléndez (2006), Castells (2004), Marí Sáez (2011), Fondevila (2014) y Santín (2016), los cuales permitieron dar claridad sobre términos como transmedia, interactividad, hipertexto y multimedia.

El proceso de recolección de información tuvo como técnicas base, la revisión documental y la entrevista estructurada. Tanto el cuestionario, como la ficha de caracterización elaboradas (Ver gráfica 1.) tuvieron como ejes principales: la agenda informativa prioritaria, las audiencias, los equipos de trabajo tanto en lo tradicional como en lo digital, los contenidos multimedia, la interactividad, las redes sociales, el acceso (visitas), transmedia y modelo de negocio.

Las entrevistas fueron realizadas entre octubre de 2016 y marzo de 2017 a una muestra de 5 periodistas en su rol de directores de los medios seleccionados. Dichas entrevistas, con una duración de 30-40 minutos, se realizaron presencialmente. Se elaboraron de manera estructurada, con una serie definida de preguntas estandarizadas en las que se abordaba el objetivo del presente estudio: la evolución y el desarrollo de los medios de comunicación escogidos.

Gráfica 1. Modelo ficha de caracterización

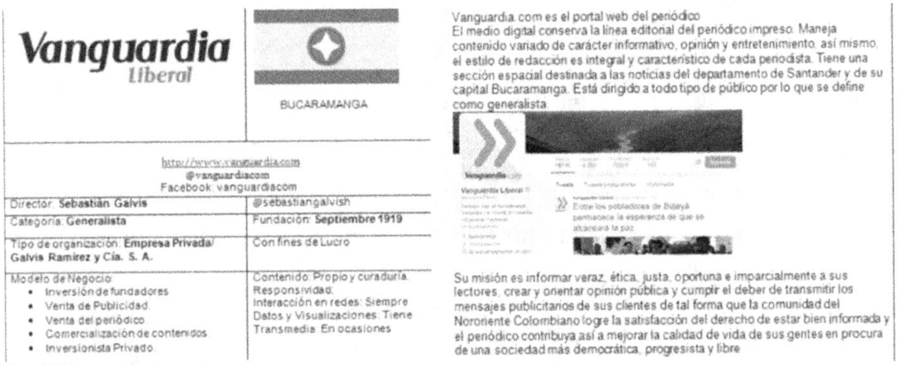

Vanguardia Liberal

BUCARAMANGA

http://www.vanguardia.com
@vanguardiacom
Facebook: vanguardiacom

Director: **Sebastián Galvis**	@sebastiangalvish
Categoría: **Generalista**	Fundación: **Septiembre 1919**
Tipo de organización: **Empresa Privada/ Galvis Ramírez y Cía. S. A.**	Con fines de Lucro
Modelo de Negocio: • Inversión de fundadores • Venta de Publicidad • Venta del periódico • Comercialización de contenidos • Inversionista Privado	Contenido: Propio y curaduría. Responsividad: Interacción en redes: Siempre Datos y Visualizaciones: Tiene Transmedia: En ocasiones

Vanguardia.com es el portal web del periódico
El medio digital conserva la línea editorial del periódico impreso. Maneja contenido variado de carácter informativo, opinión y entretenimiento, así mismo, el estilo de redacción es integral y característico de cada periodista. Tiene una sección espacial destinada a las noticias del departamento de Santander y de su capital Bucaramanga. Está dirigido a todo tipo de público por lo que se define como generalista.

Su misión es informar veraz, ética, justa, oportuna e imparcialmente a sus lectores, crear y orientar opinión pública y cumplir el deber de transmitir los mensajes publicitarios de sus clientes de tal forma que la comunidad del Nororiente Colombiano logre la satisfacción del derecho de estar bien informada y el periódico contribuya así a mejorar la calidad de vida de sus gentes en procura de una sociedad más democrática, progresista y libre

Fuente. Elaboración propia

Luego de su aplicación y sistematización, lo obtenido se plasmó en una matriz de análisis, desde la cual se pudo desarrollar lo descriptivo, lo comparativo y se logró sistematizar los datos recolectados.

Con respecto a la muestra del estudio, esta se definió por etapas. La primera se realizó ubicando el número total de medios digitales en Santander, para ello se tomó como base lo registrado por Rey y Novoa (2012). Luego se procedió a seleccionar aquellos medios de origen impreso, por ser, de acuerdo a la bibliografía consultada, quienes iniciaron el tránsito de papel a digital.

Posteriormente se acordó aplicar tres criterios: antigüedad, vigencia y periodicidad en los últimos diez años, quedando entonces un total de 32 medios digitales ubicados en la ciudad de Bucaramanga, Santander, por lo cual se seleccionaron a: Vanguardia.com, El Frente.com, Revista Plataforma, Revista La Ponzoña y Revista El Crisol, quienes en su momento registraban mayor actividad en la web.

Teniendo en cuenta que el propósito principal del presente estudio es conocer el proceso de evolución y desarrollo de los medios informativos digitales creados desde Bucaramanga en la última década, es necesario ahondar en la caracterización de cada uno de ellos.

5. Resultados

La siguiente tabla describe los cinco medios informativos digitales indagados en el presente estudio en datos como el año de creación, el año de incursión en lo digital, la diferencia en la cantidad de personas que trabajan en lo tradicional (impreso) y en lo digital, a su vez muestra el sitio web correspondiente.

Tabla 1. Caracterización de los medios estudiados

Nombre del medio	Año de creación/ fundación del medio	Año de entrada a lo digital del medio	Número de personas que laboran en el medio tradicional/digital	Dirección en red del medio
Vanguardia.com	1 de septiembre de 1919	2008	46/7	www.vanguardia.com
El Frente.com	2 de diciembre de 1942	2012	8/2	www.elfrente.com
La Ponzoña	1990	2014	7/1	www.revistaponzona.com
Plataforma	1 de octubre de 1990	2014	3/1	www.plataformaupb.com
El Crisol	Octubre de 2014	2012	1/1	www.revistaelcrisol.com

Fuente: Elaboración propia.

5.1. Periódicos

5.2 Vanguardia Liberal

www.vanguardia.com

Diario impreso fundado el 1 de septiembre de 1919 por Alejandro Galvis Galvis y líder en la zona oriente colombiana, el cual decide migrar hacia lo digital en 2008 con el objetivo de publicar contenido en la web. Este periódico se destaca por publicar noticias locales, nacionales e internacionales, pero su agenda prioritaria pertenece al ámbito regional.

En cuanto a su audiencia no es segmentada, no tienen en cuenta las edades y generan contenido para público en general. Con respecto a sus equipos de trabajo, para la versión impresa hay 40 periodistas distribuidos en el área metropolitana de Bucaramanga y los municipios de San Gil y Socorro. También están presentes en la ciudad de Barrancabermeja. Actualmente el diario impreso cuenta con 2 editores: un subdirector y un editor para el periódico impreso.

De ahí que, el equipo de trabajo para la versión digital esté conformado por 5 periodistas, un community manager y un editor web. Por otro lado, la redacción está configurada bajo los siguientes parámetros: no tienen cobertura las 24 horas del día, trabajan desde las seis de la mañana hasta las dos de la tarde y desde las dos de la tarde hasta las diez de la noche. Además, todos los periodistas generan contenidos a partir del consejo de redacción. En cuanto al perfil profesional, el diario busca que se tenga un perfil integral: buena redacción, habilidades en la creación de videos, capacidad de edición y estar informados.

Juan Carlos Gutiérrez, editor del diario y encargado de la versión digital, con respecto a la generación de contenido multimedia dice: "cada dos o tres meses generamos contenido multimedia, ya que la versión web es independiente del impreso y los temas coinciden en algunos casos, no en todos".

Sobre la interactividad y las secciones específicas de visualización de datos (infografías o mapas interactivos) se encontró que no cuentan con una sección exclusiva para difundir contenidos interactivos, sin embargo, tienen Vanguardia TV, un espacio compuesto por videos, galerías y entrevistas en vivo, lo anterior se realiza cuando la nota periodística lo requiere.

Asimismo, sobre el tema de las redes sociales y el ejercicio profesional del community manager, se estableció que el periódico cuenta con Facebook, Twitter y hace uso de las herramientas de Google Plus e Instagram. En palabras del editor "el community manager tiene la obligación de responderle a los usuarios, la función es contar qué está diciendo la gente de lo publicado".

En relación con las visitas al sitio web del medio, los datos cambian todos los meses, por ejemplo, en agosto de 2016 el número de visitas para dicho mes correspondió a 19 millones 62 mil 437 visitas, lo anterior se da cuando el usuario ingresa y da clic.

En lo concerniente a la narrativa transmedia Vanguardia.com no cuenta con otros canales de difusión, únicamente utiliza su sitio web y las redes sociales anteriormente mencionadas. Por último el modelo de negocio de Vanguardia Liberal radica en la venta diaria de los ejemplares y los anuncios publicitarios. Sus directivas quieren continuar generando contenido real de noticias de interés público para la región y la nación.

5.3 El Frente

www.elfrente.com.co

Diario impreso alineado al Partido Conservador colombiano en la región, se destaca por ser formador de opinión pública y por mantener su vigencia pese a las adversidades económicas y tecnología. Se fundó el 2 de diciembre de 1942 por el escritor Rafael Ortiz González y el penalista Rodolfo García.

Difunde todo tipo de información, en especial temas de política regional, cubre la provincia santandereana, a través de una página diaria a la ciudad de Barrancabermeja y 4 páginas al área metropolitana de Bucaramanga. Además, sus ejemplares circulan cinco días a la semana en ciudades como Valledupar, Barranquilla, Cartagena y Bogotá D.C.

El periódico orienta su información al target socioeconómico medio. Su equipo de trabajo, para la versión impresa es de diez periodistas encargados de la redacción de noticias, entre estos están dos editores: un subdirector y un editor. De ahí que para la versión digital estén los mismos periodistas de la versión impresa pero dos de ellos se ocupan de la actualización del sitio web, el cual nació en el año 2012.

Rafael Serrano Prada, director general del medio, reconoce que el proceso de migración es lento. "Estamos atrasados a causa del recurso humano, porque para cada sección existe un periodista especializado, así que por el momento no hay nadie encargado de esa labor".

Sobre la interactividad y las secciones específicas de visualización de datos (infografías o mapas interactivos) se encontró que el periódico en su versión *on line* no tiene interactividad, ni espacios para generar un vínculo cercano con sus usuarios.

Respecto a redes sociales, se evidenció la presencia de FanPage en Facebook y un perfil en Twitter cuyo uso es replicar noticias y no se evidencia retroalimentación con su audiencia. Aunque el medio de comunicación no tiene un Community Manager, en la actualidad hay dos personas encargadas del sitio web.

Por lo que sigue en relación con las visitas al sitio web del medio, se encontraron 587 visitas para octubre de 2016, esta información es obtenida mediante el Sistema Alfa, el cual permite conocer las noticias más leídas. En lo que tiene que ver con la narrativa transmedia Elfrente.com cuenta con otros canales de difusión como la Emisora José Antonio Galán ubicada en el municipio de Socorro y Radio Lenguerke en Zapatoca, Santander.

Por otro lado, el periódico El Frente no se ha readaptado con el pasar de los años:

> "hay un panorama desolador para los medios impresos reduciendo sus páginas a causa de que el papel no se produce en Colombia, sino que se importa desde Canadá". Rafael Serrano Prada, director.

El medio de impreso lleva 74 años de trayectoria en la región santandereana, razón por la cual sus directivas no quieren dejar que el periódico en su versión impresa culmine, por el contrario, buscan las alternativas económicas como la impresión de separatas especiales y otros tipos de publicaciones para mantenerse vigentes.

5.4 Revistas

5.4.1 Plataforma

www.plataformaupb.com

Es una revista de la Universidad Pontificia Bolivariana Seccional Bucaramanga realizada por jóvenes reporteros de la Facultad de Comunicación Social-Periodismo, de distribución gratuita y con cobertura principalmente en la ciudad de Bucaramanga y su área metropolitana como un ejercicio profesional que busca aportar información de calidad a los ciudadanos.

Nació como periódico tipo tabloide en 1999 con impresión semestral y respondía a un ejercicio de pedagógico de aula y como práctica profesional para los estudiantes. En el año 2006 paso a revista bimestral, impresa a color, la cual, desde entonces, se distribuye en la ciudad, así como en varias universidades y bibliotecas del país.

Su contenido está orientado a profundizar sobre temas que los grandes medios no registran u obvian, esto incluye la denuncia y el denominado periodismo investigativo. Además, le permite al periodista trabajar desde los diversos géneros del periodismo y la reportería gráfica.

Su audiencia es variada está entre Para el tema de las audiencias, el medio se dirige a un público variado de ahí que su audiencia incluya diversidad de edad y estrato social. El equipo de trabajo para la versión impresa lo conforma el director, generalmente es el docente de la Facultad de Comunicación orientador de las cátedras de periodismo escrito. Lo acompaña en su labor estudiantes de práctica y de trabajo de grado, con el respaldo de estudiantes voluntarios que conforman un colectivo o grupo llamado "Semillero de Prensa Escrita Pfm".

La versión web nació en el mes de julio de 2014 y en sus primeras etapas se replicaban los contenidos de la versión impresa, luego se empezó a crear contenido digital; infografías, videos, audios y mapas interactivos, lo cuales eran realizados por pasantes y practicantes asignados desde la dirección.

El medio no cuenta con un equipo de trabajo dedicado a la generación de contenido multimedia, estos se hacen según las notas periodísticas, pero no tienen una sección específica para ello. Del mismo modo, la revista está presente en redes sociales Facebook y Twitter, los contenidos que allí se publican están a cargo de un estudiante que realiza su práctica de grado. Además, la interacción depende de la disponibilidad de los integrantes de la revista, es decir, no es permanente.

De la misma manera, lo relacionado con las visitas en el sitio web se pudo establecer que las directivas del medio de comunicación no tienen conocimiento de cuántas visitas tiene el sitio web al mes y tampoco utilizan una herramienta para saber el número de visitas realizadas por sus usuarios.

Así, para esta revista el correo electrónico es una herramienta de vital importancia en el ejercicio periodístico, ya que es revisado todas las semanas para conocer sugerencias sobre temas y las inquietudes sobre las historias publicadas. Igualmente este medio de comunicación no se ha pensado como un modelo de negocio, es una revista institucionalizada que cuenta con los recursos ofrecidos por la universidad lo cual permite que se produzcan contenidos.

5.4.2 Revista La Ponzoña

www.laponzona.com

Surgió hace 25 años en la ciudad de Bucaramanga, Santander a cargo de Luis Eduardo Mantilla Gómez como una inversión personal y familiar, en la actualidad no está vigente a causa de motivos económicos relacionados con la falta de publicidad, principal modelo de negocio que en la actualidad no pudo soportar las exigencias del ámbito digital.

Los patrocinadores vendían avisos en las páginas, estas representadas en la portada y la contraportada de la revista, otorgándole una parte de la página a hablar únicamente de la empresa que estaba pagando por aparecer allí.

En sus publicaciones prevalecían los temas políticos seguidos de los de salud, deportes, variedades y entretenimiento. Para su audiencia se encontró que sus contenidos estaban dirigidos en gran parte para las empresas privadas y públicas que pautaban en la revista, sobre todo, empresarios.

El equipo de trabajo en la versión papel lo lidera el director y propietario Luis Eduardo Mantilla y seis periodistas más. Sin embargo, desde la dirección se optó por aceptar voluntariados, es decir, personas que quisieran escribir para la publicación.

Su periodicidad fue mensual desde su creación hasta agosto de 2014, fecha en que falleció su director. Luego de este hecho, las publicaciones de la Revista La Ponzoña fueron disminuyendo cada año, por ejemplo, pasó de una edición por mes a publicar cada dos o tres meses. Lo anterior se produjo a causa de que no había un plan de contingencia sobre cómo seguir vigentes sin su director de origen.

Al indagar sobre la versión digital, se encontró que una persona es la encargada de subir los contenidos, no existen periodistas especializados en temas digitales, ni tampoco en generar publicaciones específicas para este escenario, el ejercicio radicaba en replicar las noticias tal cual como las difundían en la revista impresa.

En cuanto a cómo estaba configurada la redacción de este medio de comunicación se pudo establecer que es un total de cinco personas, entre estas, periodistas y diseñadores gráficos. Para los contenidos multimedia no hay cambios, los textos tradicionales de la revista son los mismos que se replicaban en la web sin ningún tipo de recurso gráfico.

Respecto a redes sociales se encontró que hay registro de Facebook y no hay personal a cargo de las comunidades virtuales.

Con respecto a las visitas de los usuarios en su sitio web, se registró ausencia en este aspecto, al igual del desconocimiento sobre el acceso de sus audiencias, ni utilizan herramientas para hacer mediciones de este tipo.

Al indagar sobre otros medios o canales de difusión además del sitio web para contar historias y alimentar las notas, se encontró que su director trabajó con el subdirector del programa televisivo 'Vive Ciudad' emitido en el canal local de televisión, TVC. Además, estaba presente en la radio y en la televisión regional.

5.4.3 Revista El Crisol

www.revistaelcrisol.com

Esta revista surgió en versión impresa en el año 1996 y luego migró hacia lo digital, convirtiéndose en un blog en el año 2000 para luego consolidarse a través de un sitio web en el año 2005. Su creador y director, Wilfredo Sierra. Su agenda informativa la prioriza y centra para el departamento de Santander. En los contenidos prevalecen temas económicos seguidos de los de las instituciones públicas del área metropolitana de Bucaramanga.

En la revisión del medio, se evidenció como característica la réplica de información de otros portales. Para esta revista se encontró que poco realiza reportería y se convierte en una plataforma de replicación de información, lo anterior es la base de su sostenimiento económico.

El sitio web de la revista es actualizado día por medio, dado que no se cuenta con un equipo de trabajo consolidado, pues toda la revista está a cargo del director y la persona encargada de publicar los contenidos en la versión digital.

Las redes sociales de uso son Twitter y Facebook. De igual forma, no cuentan con el apoyo de un profesional encargado de la gestión de dichas comunidades virtuales, nunca han tenido un community manager.

Con respecto a las visitas de los usuarios en su sitio web se determinó que son cerca de 1.000 personas por día. Lo anterior es medido a través de herramientas digitales gratuitas ofrecidas por internet como Website Looker o Similar Web, utilizadas cada mes para saber cuántas personas ingresan al sitio web.

> "El ámbito digital ofrece oportunidades para los medios informativos digitales, en el caso de la Revista El Crisol, no hay un presupuesto establecido para saber la cantidad de personas que ingresan al sitio web, así que usamos las herramientas gratuitas que brinda el internet". Wilfredo Sierra, director.

6. Conclusiones

El análisis de los cinco medios digitales en Bucaramanga, Santander, deja en evidencia que la calidad de los contenidos periodísticos están altamente influenciados por procesos de convergencia, que generan un desarrollo desde la creación de contenidos propios, multimedialidad, interactividad y variedad en el uso de géneros y en la difusión de contenidos mediante redes sociales.

El avance de los medios informativos digitales en los últimos veinte años ha sido vertiginoso, pero apenas se comienza. Las experiencias en otras parte de América Latina y el mundo, permiten confirmar que lo ocurrido hasta el momento en esta zona de Colombia es similar o igual. Entre los ejemplos más visibles se encuentran medios como Efecto Cocuyo en Venezuela, Convoca en Perú y Animal Político en México.

Se avecinan nuevos cambios y novedades pues, proceso de evolución tecnológica, económica y editorial, son su característica. Les corresponde entonces a los medios estudiados y a otros de similares características, caminar a la par con dichos cambios, o su desaparición tanto impresa, como virtual será innegable.

La web ha experimentado un crecimiento inicial y continúa creciendo más rápido que ningún otro medio en la historia. Sin embargo, con el paso de los años se ha podido comprobar que a pesar del gran éxito y la gran capacidad comunicativa que tiene Internet, convive en armonía con los medios de comunicación de masas tradicionales y no ha puesto en peligro la supervivencia económica de ninguno de ellos, pese a provocar grandes cambios en el periodismo, como el desarrollo de nuevos géneros periodísticos y los grandes cambios generados en el lenguaje. Pero, los costos de impresión y sostenimiento de dos salas de redacción (papel y virtual) lleva a prever la desaparición de una de ellas o la conjugación de fuerzas, que llevaría a una mejor edición de contenidos y formatos.

Internet reduce el tiempo que dedicamos a otros medios, puesto que la red y los medios de comunicación de masas tradicionales comparten una misma reserva de audiencia. Lo anterior, es una realidad expuesta por los directores entrevistados para este estudio, el hecho de estar instalados en un mundo global de redes, tecnología, interconexión y participación activa de las audiencias, sin duda ha modificado las formas de entender y ejercer el periodismo bajo la máxima incuestionable de reinventarse o morir. Sabadin (2007), Ramonet (2011, p.32) y Pico (2013, p.184) coinciden en declarar y sustentar la crisis económica y de lecturabilidad que el medio impreso ha tenido que afrontar a partir de la década del noventa del siglo XX y lo corrido del siglo XXI.

En suma, urge que los medios de comunicación estudiados rompan el aislamiento con el resto de medios y contenidos que ofrece la red, teniendo en cuenta que el ámbito digital ofrece distintas oportunidades y maneras de contar historias, lo cual puede convertirse en una estrategia llamativa que ofrezca a sus lectores contenidos distintos y de calidad.

En cuanto a los medios de comunicación investigados como el periódico Vanguardia.com y la revista Plataforma sus contenidos tienen que adaptarse al escenario de comunicación que se gesta en internet, donde criterios como accesibilidad, popularidad y herramientas de interacción resulten vitales para la conformación y el reconocimiento de una audiencia propia.

Con respecto al diario El Frente y las revistas El Crisol y La Ponzoña su incorporación como estrategia de difusión y sostenibilidad a las nuevas tecnologías se hace necesaria en su desempeño como informador social, esto refuerza lo sostenido por Manuel Castells cuando dice que los medios ingresan a un proceso denominado como la era de la información en la que su estructura tiene como base a la sociedad red.

Así, el proceso de evolución y desarrollo de los medios informativos digitales creados desde Bucaramanga en la última década, muestran que en aspectos como la audiencia, no hay una segmentación clara de sus públicos, siendo esto una razón para que los contenidos que se emiten sean dirigidos a cualquier persona según su interés.

Por otra parte, es evidente la necesidad de consolidar las redacciones digitales de los medios indagados, dado que hay una gran diferencia en la cantidad de personas encargadas para las redacciones tradicional y las digitales, así, es conveniente tener profesionales especializados en las coberturas informativas y las necesidades actuales del periodismo convergente, concepto que según María Elena Meneses (2013), provoca transformaciones en la profesión periodística ante el cambio tecnológico y permite que se replanteen las formas de mostrar los contenidos en lo digital.

De manera que, uno de los aspectos más trascendentales es la interactividad, aquí se encontró que no es constante con las audiencias y que se realiza según la información y la necesidad momentánea que tenga el medio de comunicación, esto, se halló en los cinco medios estudiados. Lo anterior difiere a lo planteado por expertos como Fátima Martínez Gutiérrez y Francisco Cabezuelo Lorenzo (2010), quienes recalcan en la necesidad de ofrecer espacios y posibilidades para que esta se evidencie y multiplique, dado que la interactividad, en concreto, trata de incentivar la colaboración y el intercambio de información rápida y de manera ágil entre las personas.

De este modo, se puede afirmar que la relación existente entre el público y los periodistas, por ejemplo, de la prensa escrita, resulta insuficiente hoy en día, porque los nuevos medios con los que compiten a la hora de conseguir audiencias, juegan con nuevas armas, algunas muy ventajosas.

Por ende, la generación de un periodismo ciudadano apoyado en las redes sociales y el resto de herramientas que facilita internet, son necesarias para su reinvención y adaptación a los cambios que produce la información, los cuales resultan ser una clara opción para innovar en el ejercicio periodístico.

REFERENCIAS

- BACHMANN, I. y HARLOW, S. (2012). Interactividad y multimedialidad en periódicos latinoamericanos: avances en una transición incompleta. Cuadernos de Información 30, 41-52

- BOWMAN, S. & WILLIS, C. (2003). We Media: How audiences are shaping the future of news and information. Rescatado de http://www.hypergene.net/wemedia/download/we_ media.pdf . Editorial Jd Lasica

- BRUNS, A. (2005) Gatewatching: collaborative online news production. Nueva York: Peter Lang Publishing. By Axel Bruns. Pp 330. ISBN 0820474320

- BARRIOS, RUBIO, A. (2016): "Narrativa periodística en la convergencia de medios". Estudios sobre el Mensaje Periodístico. Vol. 22, Núm. 1 (enero- junio), Ediciones Complutense ,págs.: 163-176. Madrid.

- Deuze, M. (2003). The web and its journalisms: Considering the consequences of different types of news media online. New Media & Society. Vol. 5, Issue 2. United States 5(2), 203-230.

- Hayes, A. S., Singer, J. B., & Ceppos, J. (2007). Shifting roles, enduring values: The credible journalist in a digital age. Journal of Mass Media Ethics, 22(4), Vol 22, Issue 4. 262-279.

- NAVARRO, Z, L. (2004). Diez años del periodismo on line. Desde las primeras experiencias hasta el éxito de algunos medios y el fracaso de la mayoría. Revista Científica Complutense de Madrid. Vol 10. 10. 159-174

- CASTELLS, M. (2009). Comunicación y Poder. Alianza Editorial. España

- CASTELLS, Manuel. (2004). La sociedad red: una visión global. Reseña bibliográfica. Alianza Editorial. España.

- CASTELLS, Manuel. (2005). Por otra comunicación. Los media, Globalización Cultural y Poder. Barcelona: Icaria.

- Domingo, D., Quandt, T., Heinonen, A., Paulussen, S., Singer, J. B. & Vujnovic, M. (2008). Participatory journalism practices in the media and beyond: An international comparative study of initiatives in online newspapers. Journalism Practice, 2(3), 326-342.

- FONDEVILA, Joan. (2014). El uso del hipertexto, multimedia e interactividad en periodismo digital. Revista de Estudios de Comunicación. ISSN-e 1137-1102, Nº. 36, 2014, págs. 55-76

- Fundación Nuevo Periodismo Americano (2011). Sondeo de tendencias de los emprendimientos periodísticos digitales en América Latina. Consultado 5 de agosto de 2016. Rescatado de http://www.fnpi.org/noticias/noticia/articulo/-7556b0a6d3

- HERNÁNDEZ, Roberto. (2014). Metodología de la Investigación. 6ta Edición. Editorial McGraw-Hill.

- HERNÁNDEZ RODRÍGUEZ, J. (2016): "Interactividad y socialización periodística en Twitter. Un análisis de los medios migrantes colombianos de mayor influencia online", en Estudios sobre el Mensaje Periodístico, 22 (2), 1065-1083.

- IGLESIAS, M. (2012). Rutinas productivas de un cibermedios nativo digital. Cuadernos de Información. Universidad de Alicante. España.

- MARÍ, V.M. (2011). Comunicar para transformar, transformar para comunicar. *Tecnologías de la información desde una perspectiva de cambio social.* Madrid, Editorial Popular.

- MARTÍNEZ-GARCÍA, L. (2016): "Las carencias de la prensa tradicional, un lastre para el periodismo emprendedor". Revista Latina de Comunicación Social, Vol 71, pp. 428 a 442.

- MELÉNDEZ, J. (2014). Primer Estudio de Medios Digitales y Periodismo en América Latina. Factual México. 1era Edición. Pp 1-71

- MÉNDEZ, M. Helena. (2013). Periodismo Convergente: Transformaciones en la profesión ante el cambio tecnológico. Pp. 3

- PICO. M. J.(2013). "La crisis económica versus el cambio climático". En: Medios de Comunicación y cambio climático. Fernández. R.R. (Director), Mancinas-Chávez R. (Coordinadora), Sevilla: Fénix Editora., p.p.177-188.

- RAMONET. I. (2011). La explosión del periodismo. De los medios de masas a la masa de medios. Traducción de Begoña Moreno-Luque. Segunda edición. Clave Intelectual. España.

- REY Germán, NOVOA J. (2012).Estudio de Medios Digitales. Editorial Consejo de Redacción. Colombia. Pp. 1-72

- SABADIN. V. (2007). El último ejemplar del New York Times. El futuro de los periódicos en papel. Editorial Sol90. Primera Edición. Barcelona, España.

- SANTÍN M. (2016). Los dilemas éticos del periodismo digital desde la perspectiva de los artículos del defensor del lector de El País.

- SANDOVAL, Carlos A. (1996). Investigación cualitativa. Módulo 4 Especialización en Teoría, métodos y técnicas de investigación social. Bogotá: ICFES.

- TORO Iván, PARRA Rubén. (2010). Fundamentos epistemológicos de la investigación y la metodología de la investigación: cualitativa. Medellín: Fondo Editorial Universidad Eafit.

CAPÍTULO III

CONVERGENCIA DEL AUDIOVISUAL E INTERNET: EL MODELO *WEBCASTING* EN ATRESMEDIA

Gema Alcolea Díaz
Universidad Rey Juan Carlos (URJC)

Resumen

Los datos de consumo de televisión muestran la tendencia a una progresiva pérdida de audiencia, fundamentalmente, en las franjas de edad más jóvenes. La televisión en abierto en España, por ejemplo, en poco menos de una década, ha sufrido un descenso del 19% entre los menores de 34 años. Si bien la televisión sigue presentando la penetración más elevada de todos los medios (88,3%), su caída se enfrenta al crecimiento a un ritmo vertiginoso de Internet (69,9%). Y con el componente añadido de que la penetración del nuevo medio es superior a la de la televisión en las franjas de edad más jóvenes (14 a 34 años), lo que se refleja también en la estructura de su audiencia, presentando la televisión perfiles más envejecidos.

Sin embargo, el consumo audiovisual no decrece, es más elevado que en ningún otro momento, pero cada vez se caracteriza más por los factores de no linealidad y asincronía. A ello se añade el aumento del número de pantallas y el uso cada vez más predominante de los nuevos dispositivos para su consumo.

Todo ello indica que, si bien la televisión tradicional no se encuentra "herida de muerte", tiene que innovar para dar respuesta sobre todo a un público más joven con nuevos hábitos de consumo (movilidad, individualización, a la carta...) y con demanda añadida de productos no tradicionales (fragmentados, de producción *amateur*...).

Para describir la transformación de la empresa de televisión en España hacia el modelo *webcasting*, utilizamos como estudio de caso Atresmedia, analizando su recurso a las nuevas narrativas, pantallas y modelos de explotación, así como los productos y nuevas líneas de negocio planteados. El objetivo es conocer la adaptación de la empresa de televisión tradicional a la convergencia con Internet y la digitalización.

Palabras clave (keywords):

televisión, Atresmedia, digitalización, modelo de negocio, contenidos audiovisuales, *webcasting*

1. Introducción

La empresa de televisión tradicional se está adaptando a la convivencia con Internet, mediante la convergencia con la red, aprovechando, además, las posibilidades que le brinda la digitalización en la explotación de otras pantallas. Los canales tradicionales de la televisión lineal se suman, al mismo tiempo, a la televisión online, las plataformas de vídeo, las aplicaciones para móviles y la presencia en redes sociales (con estrategias de generación de tráfico hacia las mismas y de ellas a la programación lineal y web). Y es que, la empresa de televisión, necesita innovar.

Para abordar la llamada hibridación de la televisión con Internet, utilizamos como estudio de caso Atresmedia (lo hacemos como trabajo descriptivo, a través de la revisión bibliográfica, el estudio de fuentes documentales de la empresa como sus cuentas anuales y documentos de comercialización, y el análisis del producto), puesto que a lo largo de los últimos años ha demostrado ser pionera en el proceso de transformación de la empresa de televisión en España hacia el modelo *webcasting*. Como señala Sánchez-Tabernero (2000), todas las empresas quieren ser capaces de aprovechar las oportunidades que aparecen en sus mercados y reaccionar ante los cambios, pero no todas lo consiguen, porque, a veces, buena parte de las innovaciones exigen invertir capital y emplear el tiempo de personas particularmente capaces (inversión para el futuro) pero, además, la capacidad de emprender nuevas actividades o de realizarlas de un modo nuevo, depende de la cultura de cada organización. Una cultura innovadora de la que, sin duda, ha hecho gala Atresmedia —antes Antena 3 Televisión— en la adaptación al nuevo entorno competitivo. De hecho, este no es un proceso que acabe de empezar, sino que lleva implementándose en esta empresa desde hace ya más de una década. "Desde 2009, ha desarrollado una estrategia 3.0; es decir, ofrece contenido a través de tres plataformas diferentes: televisión, Internet y dispositivos móviles", con la intención de "mostrar a los espectadores que son mucho más que un canal de televisión: son una empresa multimedia" (Portilla y Medina, 2016: 32). Y ahora, cuando la transformación ya no es tanto una opción sino que se impone la necesidad, el grupo lidera los distintos escenarios digitales. Así, se ha adaptado a los cambios del mercado de contenidos y servicios por la influencia de la tecnología, del modo más apropiado para afrontarlo (Christensen, 2000: 197, citado en García Avilés y García Martínez, 2008: 282): desarrollando una nueva actividad que permite aprovechar las sinergias, aunque ello conlleve el riesgo añadido de reducir el negocio tradicional. Superando así "la falta de previsión para valorar las consecuencias de los cambios introducidos a raíz del uso de las nuevas tecnologías que puede acarrear graves problemas" (García Avilés y García Martínez, 2008: 282).

¿Por qué decimos que ahora es una necesidad para la empresa de televisión el converger con Internet? Porque las cifras de audiencia de la televisión tradicional llevan años en descenso, ligero, pero descenso, al fin y al cabo, mientras que aumenta a toda velocidad la penetración de Internet. Y porque los hábitos de consumo audiovisual –que es francamente elevado–, se han modificado sustancialmente. Las audiencias se han fragmentado entre el enorme crecimiento de la oferta lineal, a la que se suman los nuevos consumos online.

A ello se une que el grupo de espectadores más jóvenes se van desconectando de la televisión tradicional: "si se considera el consumo de televisión en abierto en la última década, el descenso del número de espectadores en los grupos más jóvenes –por debajo de los 34 años– ha sido del 19%" (APM, 2017: 67). Y, aunque hay estudios que demuestran que esa menor penetración de esta televisión entre los jóvenes respecto a otros segmentos demográficos varía en función del estilo de vida que poseen, lo que "permite inferir que el tiempo dedicado a la televisión lineal en esas personas probablemente sea mayor (y más similar al comportamiento de los grupos de mayor edad hoy en día) conforme vayan cumpliendo años" (Mazaira, 2017: 132), todo parece apuntar a que su modo de consumo nunca será el mismo. Cada vez se hace más difícil "pensar en un sistema audiovisual estático basado en la `tiranía´ de los programadores —sometidos éstos a los intereses de productores y anunciantes— abriéndose así un nuevo modelo de recepción a la carta" (Galindo Rubio, 2008: 115). A quien la empresa de televisión está buscando con las nuevas ofertas es, fundamentalmente, a ese espectador joven que se marcha del consumo tradicional de televisión.

Un modelo que se caracteriza, por un lado, por la personalización, la movilidad y el control sobre el consumo: en 2016 casi dos tercios de las personas conectadas a Internet (y no solo jóvenes) consumieron contenidos a la carta (de formato largo y corto) y casi la mitad de ellos al menos una vez al día (Mazaira, 2017: 134). A lo que se suma, por otro lado, el intercambio de contenidos y la participación, llegando hasta tal punto estos dos aspectos que se considera que opinar, recomendar y compartir son los "tres verbos claves en la construcción de un nuevo audiovisual" (Álvarez Monzoncillo y López Villanueva, 2014: 73).

Y todas estas características que definen el nuevo consumo audiovisual se reflejan en el llamado modelo *webcasting*, modelo de televisión que se suma y convive con los anteriores –*broadcasting y narrowcasting*–, que nace de la convergencia del audiovisual e Internet y que, aunque "en sentido estricto, este modelo sólo cobijaría a la televisión y al consumo de vídeo a través de Internet, pero se suele extender a la televisión en el móvil" (López Villanueva, 2011: 21). Se define como un sistema "a través del cual se puede emitir una imagen, audio o una combinación de ambos utilizando Internet como canal de difusión [...] que combina técnicas de producción de televisión con tecnología *streaming* en un entorno totalmente interactivo" (ONTSI, 2011: 53). Y, aunque a veces se ha señalado que *webcasting* "es en esencia *broadcasting* por Internet, es decir, la transmisión de contenido lineal de audio y/o vídeo sobre Internet [...] porque *webcast* generalmente no hace referencia a una transmisión interactiva" (ONTSI, 2012: 108) – véase la contradicción de la propia fuente–, es la no linealidad lo que caracteriza a la programación en este modelo.

En cualquier caso, lo que nos interesa es que esta nueva televisión posee una cadena de valor más bien "disruptiva" que complementaria con las de los modelos *broadcasting y narrowcasting* y que, durante un tiempo, ha tenido grandes dificultades para "establecer planes de negocio que compensen sus progresivas pérdidas" (López Villanueva, 2011: 21). A esa dificultad de establecer un plan de negocio sólido y rentable, se añade el hecho de que Internet se ha convertido en un espacio al que acuden las marcas sin la necesidad de ir de la mano de los medios tradicionales, con estrategias muy efectivas y en las que conoce cada vez más a sus clientes, lo cual supone un drástico abaratamiento de la publicidad en el medio.

No obstante, cabe señalar que permite distintos modelos de financiación (Álvarez Monzoncillo y López Villanueva, 2014: 71), desde transaccionales, por el visionado de determinados productos, pasando por suscripciones, hasta la publicidad, bien a través de *display*, bien a través de sistemas *AVoD* (*Advertisement-supported Video on Demand o* vídeo bajo demanda soportado con publicidad) en el que "se suele acceder a los contenidos audiovisuales de forma gratuita, al menos inicialmente, y su consumo suele exigir el visionado de distintos anuncios comerciales en uno o más puntos [...] al comienzo del vídeo (pre-roll), en el medio (*mid-roll*) o al finalizar el mismo (post-roll)" (Mazaira, 2017: 136) –estrategia para combatir los bloqueadores de publicidad–, y otras formas publicitarias, como el *branded content*.

En el caso de Atresmedia, en 2016, el área "Otros negocios" del grupo, en los que se considera la actividad de Atresmedia Cine y Atresmedia Digital, junto a la organización de eventos y otras actividades de comercialización, arrojan unos ingresos de 29,4 millones de euros, cantidad en aumento en cada ejercicio, y un resultado bruto de explotación de 12,9 millones –aunque fundamentalmente se debe al negocio cinematográfico–, lo que supone una contribución del 6,4% del área sobre el EBITDA de Atresmedia (Atresmedia, 2016: 33). Lo que, si bien es una cantidad pequeña frente al resultado bruto de explotación de Atresmedia Televisión, que asciende a los 169,4 millones de euros, no queda tan alejado del de Atresmedia Radio, de 19,7 millones y, además, en descenso, lo que nos pone en la pista de por dónde van a ir los pasos en el futuro.

2. La estrategia digital de Atresmedia: plataformas

Desde 2010 el plan estratégico de Atresmedia en el mundo digital se ha fundamentado, como señala la propia empresa, en cuatro pilares (Antena3, 2016): las marcas digitales del grupo, los portales temáticos, Atresplayer y Flooxer. Sin embargo, nos proponemos desglosar esta clasificación, conocer de forma somera su evolución y los elementos que caracterizan cada pilar, así como los distintos modelos de negocio que aglutinan: transaccionales, basados en la suscripción y/o financiados con publicidad. Veamos, por tanto, con esta perspectiva los pilares de la estrategia digital.

En primer lugar, se ha sustentado en las marcas digitales (webs) relacionadas con sus medios de comunicación (adaptadas a movilidad y vídeo) e institucionales. Inicialmente, solo disponía de un sitio web, el de la cadena de televisión Antena3, origen del grupo, cuyo primer boceto se remonta a 1996, aunque hasta 2010 era un *site* considerado obsoleto y es entonces cuando sufre una gran transformación en su diseño y contenidos, añadiéndose el apartado "En directo". De lo que se trataba era de generar audiencia online y negocio a través de publicidad (García-Carrizo, 2016: 120). Dos años después, en 2012, lanzó su aplicación para móviles, *Ant 3.0*, que en 2014 se renueva con Atresmedia Conecta, "aplicación interactiva de segunda pantalla" que permite "disfrutar de contenido extra e interactuar durante la emisión en directo de las principales series y programas de la cadena" (Antena 3, 16/09/2014), siempre que sea una emisión interactiva (lo que se notifica en el *smartphone* o tableta y también mediante avisos en televisión). Se trataba de una "aplicación de segunda pantalla para expandir la experiencia de ver la televisión, por lo que no incorpora la emisión en directo de los programas y series al completo [...] una apuesta del grupo por una televisión más social e interactiva" (ibid.). Posteriormente, queda superada por el auge de las redes sociales, con las que se acomete esa misma relación. Y es que no podemos obviar dos datos francamente cruciales. Por un lado, que un 34% de los usuarios utiliza el *smartphone* habitualmente o con frecuencia mientras mira la TV –lo que se conoce como *secondscreen*– (IAB Spain, 2016). Por otro lado, que es ya el móvil, el principal dispositivo para acceder a Internet (37,7%), dejando al ordenador de sobremesa y al portátil en segundo y tercer lugar de uso con un 31,8% y un 24,3%, respectivamente (AIMC, 2017).

En la actualidad, encontramos además, una web corporativa, *Atresmedia*, otras de distintas áreas de negocio, como *Atresmedia Publicidad, Atresmedia International Sales* o *Atresmedia Cine,* y de sus canales de televisión y radio: *Antena3, La Sexta, Neox, Nova, Mega, Onda Cero, EuropaFM y Melodía FM y Atreseries*. En este último caso, el sitio lo que permite es el acceso a las *sites* oficiales de las distintas series de producción propia, en donde acceder a escenas de rodaje, escenas no emitidas, entrevistas, noticias... La financiación, en todos los casos, es por publicidad tanto en *display* como mediante vídeos insertados en el contenido, como se verá más adelante.

Asimismo, el grupo cuenta con portales temáticos, nativos digitales. Se trata de dieciséis portales verticales (junio 2017): *Líopardo, Celebrities, Se estrena, Tecnoxplora, Objetivo TV, Cocinatis, Centímetros cúbicos, El sextante, Correr y Fitness, Viajestic, No solo Manga, NeoxGames, Neox Kidz, Champions Total* y *Tribus Ocultas*. Además de mantener acuerdos con otras webs temáticas y editores a modo de *partners* (como *Guía Infantil* o *Economía Digital*), a las que se suman sus *sites* de objetivos de responsabilidad social.

Por otro lado, en 2013 el grupo lanzó *Atresplayer* que, en la actualidad, se define como plataforma de vídeo largo. En realidad, esta plataforma es un espacio que se configura tras un proceso que se había iniciado unos años atrás. En 2008, Antena 3 se constituía en la primera cadena de cobertura nacional en permitir el visionado online de capítulos completos de sus series de ficción tras su emisión a través de su página web —la primera televisión en España fue la autonómica TV3 en 2004— (Alcolea, 2012: 9). Era parte de la evolución del uso que las televisiones hacían de sus sitios web, en este caso, como decimos, permitiendo el acceso a los capítulos completos de las series (por descarga o en *streaming*), lo que suponía la ruptura de la linealidad de sus parrillas de programación. Este paso, que se dio primero a través de la página web de la cadena, se continuó con el lanzamiento más adelante de *antena3videos.com* (portal audiovisual con todos los contenidos del grupo a la carta), que en 2010 evolucionaba al *Modo Salón* y hoy *Atresplayer*. Asimismo, esta plataforma en su trayectoria ha sufrido modificaciones ya que en 2015 incluye el anterior servicio de *Nubeox* (2012-2015), también del grupo, que acumulaba el servicio de VOD y canales online además de un servicio de videoclub, con "un catálogo de más de 700 películas en suscripción y el acceso, en alquiler y compra, a cine de estreno y ficción nacional e internacional, fruto de los acuerdos con los grandes distribuidores y los estudios de Hollywood" (dircomfidencial, 06/07/2015), más 10 canales de televisión por cable. Dicha oferta se trasladó a *Atresplayer Videoclub*, aunque a mediados de 2016 se deja inactivo el servicio ante la fuerte competencia en el sector. Y es que, por ejemplo, en 2015 *Atresplayer Videoclub* ofrecía más de 2.000 películas y series, en la modalidad de TVOD, con un precio de 4 euros por 48 horas de alquiler de un contenido o bien por 16 euros por compra de película (Atresmedia, 2015: 15). Como podemos ver, precios no competitivos con las ofertas de las plataformas de distribución audiovisual online actuales.

Hoy da acceso, en modo multiplataforma, a todo el contenido de radio y televisión del grupo Atresmedia: "*Atresplayer* es una plataforma para ver los contenidos audiovisuales en directo y *catch up* de los canales del grupo Atresmedia" (Atresmedia: 2017). Recordemos que cuando en este mercado hablamos de *catch up* nos referimos a que los contenidos tras su emisión en la televisión lineal en directo, se ponen a disposición del público en Internet durante un periodo de tiempo. Éste puede ser indefinido o limitado, por ejemplo, como ocurre en el caso de la ficción extranjera, donde es habitual que los derechos para Internet sean de una semana, o las carreras de Fórmula1. A esas limitaciones legales que afectan a la temporalidad de los contenidos, se suman otras que restringen su distribución a través de dispositivos móviles así como las que imponen restricciones territoriales. De hecho, para acceder a *Atresplayer* fuera de España es obligatoria la suscripción a un servicio Premium Internacional y, aun así, habrá contenidos que no estarán disponibles más allá del territorio nacional (el grupo aporta un catálogo de accesibilidad según zonas geográficas).

A pesar de que se puede acceder a *Atresplayer* de manera anónima, sin registro, al contenido en abierto (que se identifica mediante un icono de play), también es posible registrarse al servicio de forma gratuita y acceder a un catálogo más amplio (icono de un candado) –no completo, puesto que hay opciones de pago–, a lo que se añaden otras ventajas como la posibilidad de generar listas de reproducción, realizar algunas descargas, visualizar el contenido en HD y escucharlo en versión original, además de permitir realizar comentarios y recibir menos publicidad durante la reproducción de contenidos, puesto que, evidentemente, es un servicio sustentado por publicidad en el vídeo, con cortes al principio y en medio.

Como decimos, también hay contenidos de pago (identificados con una estrella), a través de *Atreslayer Premium*, mediante el abono mensual (4 euros, aunque existen ofertas promocionales en determinados momentos), es decir, se trata de SVoD, con acceso a todo el catálogo y sin cortes de publicidad, incorporando un servicio de consumo *offline*, que permite el acceso al contenido sin estar conectado, durante un tiempo limitado, y que es muy valorado sobre todo por los más jóvenes.

Además, los preestrenos no están incluidos en la tarifa de los usuarios Premium, sino que se trata de un producto que hay que abonar de manera individual o adquiriendo un paquete de preestrenos. Y, por supuesto, si no se es Premium pero sí se está registrado, se puede acceder a contenido Premium haciendo un pago puntual por el mismo, por ejemplo, en 2015, 1 euro por episodio (Atresmedia, 2015: 15), por lo que estamos ante un sistema de TVOD. Por lo tanto, vemos el modelo transaccional que se suma al de suscripción y al sustentado mediante publicidad.

Y a este tercer pilar de la estrategia digital de Atresmedia, se unió un cuarto que supone la apuesta por las ventanas alternativas a través del vídeo corto y que, al igual que en el caso anterior, ha llevado varias etapas en su proceso. En primer lugar, en 2007 lanzaron un canal propio en YouTube (segunda televisión de Europa –tras la BBC– y primera en España en hacerlo) y en 2008 llega a un acuerdo con Google para comercializar el canal. Sirva un inciso para señalar que su gran competidor, el grupo Mediaset España, a finales de 2015 cerraba un litigio, al anunciar un acuerdo de colaboración con YouTube, por el que se le había estado exigiendo que no emitiera vídeos de sus series y programas, lo cual no hace más que poner de manifiesto la estrategia diferencial que han mantenido ambos grupos.

Posteriormente, en 2014, llegó *Atrestube*, una red multicanal (MCN) de Atresmedia en YouTube, con más de 30 canales en la misma, de producción propia, y con la que se embarca en la generación de vídeo. Las MCN son "proveedores de servicios de terceros que están asociados a varios canales de YouTube para ofrecer servicios como desarrollo de la audiencia, programación de contenidos, colaboraciones con creadores, gestión de derechos digitales, monetización o ventas" (Youtube, 2017).

A ello se sumó un último paso: la puesta en marcha a finales de 2015 de *Flooxer*. Este espacio va a ser desde entonces el contenedor de vídeo corto, con contenido más joven, dejando a *Atrestube* (que ya antes contaba con prescriptores y creadores) más como una plataforma de promoción de sus series y programas, y complementaria a *Flooxer*.

Veamos algo más detenidamente esta última, la plataforma de vídeo corto nativo digital de Atresmedia, autodefinida en su lanzamiento como "plataforma de vídeo corto online creada con un modelo de navegación en el que distribuir contenidos temáticos mediante una organización optimizada". Nacía con un volumen aproximado de 1.500 vídeos, que en tan solo seis meses se habían multiplicado hasta los 10.000, tanto con contenidos propios de la cadena como de creadores, planteado como un espacio "abierto" (aunque en realidad, no se puede abrir canal y subir vídeo), "que pretende de convertirse en una plataforma de distribución de contenido Premium, concepto basado en la calidad y la labor de edición y producción" (academiaTV, 18/11/2015). Básicamente, es una especie de copia de YouTube, algo que se impone puesto que, por un lado, es cada vez más valioso para los anunciantes y, por otro, porque conecta perfectamente con los hábitos del público más joven –movilidad, individualización, a la carta– y, sobre todo, con su demanda añadida de productos no tradicionales (fragmentados, de producción *amateur*, etc.), siendo el vídeo corto –vblogs, tutoriales, DIY...–, con las más diversas temáticas –humor, *lifestyle*, ficción, famosos, infantil, motor, cocina, deporte, viajes...– (ibid.), uno de los formatos más consumidos. Y este es el objetivo: alcanzar, usando su propio lenguaje, al público joven.

Como decíamos, *Flooxer* tiene una gran semejanza a YouTube, pero igualmente, cuenta con elementos diferenciales. Por ejemplo, *Flooxer* tienen un volumen de vídeo mucho más reducido, limitando las piezas y sus creadores. Cuenta con *youtubers* o prescriptores conocidos –que, según la modalidad de contrato, pueden seguir con sus canales en YouTube y realizar material exclusivo o no, en estreno o no, para Flooxer, con retribuciones por visualizaciones–, como Adelita Power, JPelirrojo, Vengamonjas o Mister Jagger, y figuras del propio grupo, como Chicote o El Gran Wyomin (zenithblog, 27/01/2016).

Y su contenido sigue un criterio editorial y de organización, una cuestión ampliamente valorada por los usuarios, ante la avalancha y mezcla de calidades de YouTube. Además, esta selección y control editorial del contenido, que incluye incluso la calificación por edades, es un valor positivo para las marcas, aunque, no podemos dejar de lado, que sus cifras de usuarios son muy reducidas y completamente alejadas de aquella plataforma.

En cualquier caso, ¿por qué imitar a YouTube? Ésta es una red social, es decir, una "plataforma digital de comunicación global que pone en contacto a gran número de usuarios" (Real Academia Española, 2016) y que se define mediante cuatro características: ser una red de contactos; tener un perfil; permitir interactuar; y ofrecer funcionalidades sociales para interactuar con contenidos (crear, compartir y/o participar) (IAB Spain, 2017). Aunque YouTube no se percibe como red social –lo es más como *social media*–, es la quinta en tiempo de uso, cada año en ligero descenso, con un promedio de uso semanal de 3:01 horas (la primera es WhatsApp, con 5:13 horas semanales de promedio). Según el Estudio Anual de Redes Sociales 2017 (ibid.) un 86% de los internautas de 16-55 años utilizan redes sociales, lo que representa más de 19 millones usuarios en nuestro país (cuatro millones más en un solo año, un crecimiento de un 6%). Y teniendo en cuenta esa misma fuente, pero referida al año anterior (IAB Spain, 2016), el 85% sigue a *influencers* a través de redes sociales. 1 de cada 5 usuarios siguen a una marca y para el 31% la presencia en redes sociales aumenta la confianza en la marca. A ello se suma que "todavía no existe percepción de saturación publicitaria en redes sociales, al 51% les parece bien que las marcas hagan publicidad. Y un 27% acepta recibir impactos afines a sus intereses" (ibid).

Esto nos habla de la fuerte presencia de las redes sociales y del consumo de vídeo corto en la audiencia. Nos dice también que las marcas han encontrado su propio hueco y medios, y que hay espacio para la publicidad (se espera que en la planificación de medios el mix de publicidad alcance un 50% de la inversión para digital –de lo que un 20% se para redes sociales–

). Por tanto, para Atresmedia, merece la pena hacerse un hueco en este nuevo espacio.

Y está funcionando bien. Por un lado, podemos traer un caso de éxito: la serie *Paquita Salas*, que demuestra claramente que un producto para un target muy definido, y no diseñado para televisión –duración de unos 25 minutos–, debe buscar a ese público donde éste se encuentra. Esta serie, que en *Flooxer* tuvo una gran acogida, llegando incluso a ganar algún galardón, en *Neox* (el canal temático de Atresmedia con *sitcoms*) alcanzó un 1,2% de *share* (ese día la cadena obtuvo un share medio del 2,7%). Una forma nueva de hacer (por ejemplo, los capítulos de la mayoría de las series creadas para la plataforma son autoconclusivos) y una nueva forma de distribución (estreno de todos los capítulos a la vez), que buscan a una audiencia nueva.

En el caso de *Flooxer*, el modelo de negocio es mediante publicidad, que se inserta en formato vídeo y sobreimpresiones. Veamos algo más de la estrategia publicitaria, en el entorno digital, que está llevando a cabo Atresmedia.

3. La publicidad digital en Atresmedia

Internet es un espacio imprescindible para las marcas. Si bien la televisión sigue siendo el primer medio por volumen de inversión publicitaria entre los convencionales, en 2016 Internet consolidaba su segunda posición, con un crecimiento del 12,6% –la inversión en medios convencionales creció un 4,3% en su conjunto, siendo el de Internet el crecimiento más alto (Atresmedia 2016: 5)–. "El porcentaje que Internet supone sobre el total de la inversio´n en el an□o 2016 en el capi´tulo de medios convencionales es del 26,9%" (Infoadex, 2017: 6).

Como hemos puesto de manifiesto, las distintas ofertas digitales, en su mayoría, sobreviven gracias a la publicidad, aunque también encontramos TVoD (pago por visión) y SVoD (suscripción de vídeo bajo demanda). Se trata de una publicidad digital en la web a modo tradicional, es decir publicidad en *display* (elemento colocado en la web), con banners, robapáginas o rascacielos, por ejemplo, a lo que se añade el formato vídeo, que se impone como fórmula publicitaria en el entorno digital. Fundamentalmente, bajo el modelo *AVoD* (o vídeo bajo demanda soportado con publicidad) sobre todo asociado a los contenidos en formato vídeo (*in-stream*), pre-, mid- o post-roll que, como dijimos, permiten esquivar los bloqueadores de publicidad. A su vez, estos anuncios que forman parte del propio vídeo, pueden ser "saltables" o no, es decir, se puede saltar su contenido tras unos pocos segundos de visionado, o se tienen que ver de forma completa (*non-skippable*), lo que comienza a ser la tendencia generalizada.

Un estudio reciente de la agencia de medios Magna Global y la empresa especializada en publicidad de vídeo, YuMe (Atresmedia Publicidad, 2017b) ha puesto de manifiesto que los anuncios pre-roll, son considerados por los usuarios como los menos molestos (solo el 17% dice sentirse importunado por ellos), favorecen el recuerdo (el 65% de los usuarios *mobile* dice recordar las marcas que los generan) y generan un mayor *engagement* (el 54% de los usuarios los califica de atractivos). Parámetros que en todos los casos empeoran cuando se trata de los anuncios mid-roll (incomodan al 72% y al 53% de los usuarios, *mobile* y *desktop* respectivamente), mucho más incluso que los anuncios *outstream*, que se reproducen de forma automática sin insertarse en el contenido del vídeo (60% y 46%).

Atresmedia comercializa sus espacios digitales a través de Atresmedia Publicidad. Por supuesto, para ello antes tiene que haber audiencia y unos datos fiables, aportados en el nuevo contexto digital por Kantar Media y comScore. No obstante, además, Atresmedia "creó en 2016 un departamento, Atresdata, para explotar comercialmente los datos del consumo online de sus contenidos desde cualquier dispositivo" (Medina, 2017:49).

Los datos aportados por el grupo con datos de comScore señalaban que a finales de 2106 Atresmedia Digital lograba una media mensual de 24,3 millones de navegadores únicos (14% más que la media mensual del año anterior), destacando "especialmente el buen comportamiento de los contenidos verticales temáticos [...] así como de las webs lasexta.com y europa fm.com" (Atresmedia, 2016: 30). En concreto, las webs de Atresmedia contaron en 2016 con un promedio de 12,2 millones de usuarios únicos mensuales (Atresmedia Publicidad, 2017c), 16 millones en mayo de 2017 (Antena 3, 21/06/2017). La web de Antena 3 obtuvo un promedio de más de 5,8 millones de usuarios únicos y la de laSexta, 3,4 millones, mejorando un 62% sus registros interanuales –la web de televisión del grupo que más creció respecto a 2015– (Atresmedia Publicidad, 2017c). La web de Onda Cero alcanzó cerca de 793.000 usuarios y la de Europa FM más de 1 millón (crecimiento del 40% respecto a 2015).

En 2016 *Atresplayer* logró 8,8 millones de descargas de la aplicación para dispositivos móviles y 4,4 millones de usuarios registrados, con un promedio mensual de 2,8 millones de usuarios únicos (Atresmedia, 2016: 32). Y solo en PC, ha acumulado más de 660 millones de reproducciones de vídeo (Atresmedia Publicidad, 2017c). Asimismo, la aplicación de *Atresplayer* supera ya los 9,5 millones de descargas para dispositivos móviles (Antena 3, 21/06/2017). Y *Flooxer* acababa el año 2016 con una media mensual de 0,9 millones de usuarios únicos. (Atresmedia, 2016: 32). Durante su primer año de vida sirvió más de 6 millones de vídeos, contaba con 200 creadores y superaba los 15.000 vídeos (Atresmedia Publicidad, 2017c).

Además, con datos de comScore de junio de 2016 (Grece, 2016: 67), se alcanzaron los 29,8 minutos por usuario en los canales de YouTube y los 140,3 minutos en las websites, con una media de 9,6 vídeos por usuario en aquellos canales y 7,5 en las websites.

La oferta de publicidad digital del grupo se alojó bajo la marca Iceberg, usándola como metáfora, en el sentido de que "Atresmedia Publicidad Digital es mucho más de lo que ves. Más de lo que siempre te hemos enseñado" (Atresmedia Publicidad, 2017a: 3). Ofrecen cinco modalidades de venta: *branding, performance, special-ad, native-ads* y publicidad programática. Como se puede apreciar en su catálogo de servicios publicitarios en modalidad digital, los formatos en *display* (*billboard, skin, layer-interstitial, skyscraper*, robapáginas y doblerobapáginas, *superbanner, parallax*) y los vídeos, sobreimpresiones y redes sociales, están todos presentes –salvo alguna excepción– en todas las webs de televisión y radio, así como en los *sites* temáticos del grupo y en prácticamente todas las webs de los *partners*. Lo mismo ocurre en el caso de *Atresplayer*, aunque en esta plataforma es en la única que se ofrece el formato publicitario *side kick app* (es decir, una publicidad que aparece a un lado, desplazando de su ubicación el contenido principal).

En el caso de *Flooxer*, solo admite los formatos publicitarios de sobreimpresiones, redes sociales y, por supuesto, vídeos. La duración convencional de éstos se sitúa entre 5 y 20 segundos, pudiendo llegar, sumando de cinco en cinco segundos, hasta el minuto, pagando los recargos adicionales. Además, al contratarse, el vídeo podría aparecer "indiferentemente en posición *preroll, midroll o postroll*, si no se contrata una posición determinada bajo el recargo correspondiente" (Atresmedia Publicidad, 2107d: 141). También existe la posibilidad de contratar, entre otras cuestiones, que un anuncio vaya solo o en la primera posición de un bloque, restricciones horarias, la exclusividad sectorial o distintas segmentaciones.

Y, finamente, cabe señalar el especial uso de *Flooxer* para el *branded content*, al permitir "integrar a las marcas de forma natural en los nuevos contenidos, obteniendo mayor engagement, imagen de marca y notoriedad" (Marketing Directo, 09/08/2016), siendo la diferencia con otras plataformas "la producción de calidad de los creadores más influyentes y un plan de distribución de los contenidos que asegura la amplificación y la visibilidad del *branded content*" (Atresmedia Publicidad, 2016b), buscando a un público muy específico, difícil de alcanzar en otras ventanas.

Conclusiones

La evolución del consumo audiovisual y del mercado no hace más que poner a la empresa televisiva en la necesidad de reinventarse, recurriendo a la apuesta por la innovación para adaptarse a esa importante base de clientes que, poco a poco, le están dando la espalda, ampliando el negocio a uno más sostenible en el medio y, sobre todo, en el largo plazo. Esto les tiene que llevar necesariamente hacia una nueva oferta, para buscar oportunidades de negocio, la monetización de las ofertas y la atracción de los perfiles de audiencia que se están alejando. Atresmedia es el claro ejemplo de un grupo mediático que ha enarbolado, de forma pionera en muchas ocasiones, la bandera de un verdadero multimedia, lo que les ha llevado a hacerse un importante hueco en el mercado, abriendo nuevas vías de negocio que no ponen en peligro el principal y que, incluso en muchos casos, le genere un flujo de clientes hacia el mismo, siendo el digital un área que cada vez aporta más a los resultados económicos del grupo.

Referencias bibliográficas

- AcademiaTV (18/11/2015) "Atresmedia digital lanza Flooxer, la nueva plataforma de vídeo online", disponible en http://www.academiatv.es/atresmedia-digital-lanza-flooxer-la-nueva-plataforma-de-video-online/#.WVUl37EryRt

- AIMC (2017) *19º Navegantes en la Red*, marzo 2017.

- Alcolea, G. (2012) "Estrategias televisivas en redes sociales: los twittersodios, un estudio de caso sobre consumo juvenil", en *Actas – IV Congreso Internacional Latina de Comunicació n Social – IV CILCS*, Universidad de La Laguna, disponible en http://www.revistalatinacs.org/12SLCS/2012_actas/145_Alcolea.pdf

- Álvarez Monzoncillo, J.M. y López Villanueva, J. (2014) "El audiovisual español: evolución en curso", en Bustamante, E.y Rueda, F. (coord.) *Informe sobre el estado de la cultura en España. La salida digital 2014. Informe ICE 2014.* Madrid: Fundación Alternativas, págs.65-74

- APM Asociación de la Prensa de Madrid (2017) *Informe Anual de la Profesión Periodística 2016.* Madrid: APM.

- Antena 3 (16/09/2014) "Atresmedia es más interactiva que nunca con la aplicación Atresmedia Conecta" disponible en http://www.antena3.com/trespuntocero/telefonia/atresmedia-lanza-nueva-aplicacion-interactiva-atresmedia-conecta_2013051600039.html

- Antena 3 (03/11/2016) "Atresmedia Digital presenta la mayor oferta de webs temáticas de un medio de comunicación en España" disponible en http://www.antena3.com/objetivotv/actualidad/atresmedia-digital-presenta-mayor-oferta-webs-tematicas-medio-comunicacion-espana_20161103581b6e510cf2d6cc9ccb6fbe.html

- Antena 3 (21/06/2017) "Atresmedia entra en el Top 10 de los sites más visitados de España", disponible en http://www.atresmediapublicidad.com/internet/atresmedia-entra-top-sites-mas-visitados-espana_2017062100920.html

- Atresmedia 2015. *Presentation on Digital,* 16th December 2015.

- Atresmedia (2016) *Resultados enero-diciembre 2016.*

- Atresmedia (2017) "¿Qué diferencia hay entre AtresPlayer y Atresmedia Conecta?" http://www.atresplayer.com/info/ayuda/faqs.html

- Atresmedia Publicidad (2016b) Las marcas apuestan por el branded content en Flooxer http://www.atresmediapublicidad.com/internet/marcas-apuestan-branded-content-flooxer_2016071400043.html

- Atresmedia Publicidad (2017a) *Tarifas 2017 1er Trimestre.*

- Atresmedia Publicidad (2017b) "Los anuncios pre-roll son el formato publicitario menos molesto", disponible en http://www.atresmediapublicidad.com/objetivo-eficacia/anuncios-preroll-son-formato-publicitario-menos-molesto_2017042500512.html

- Atresmedia Publicidad (2017c) "Atresmedia cierra 2016 como líder indiscutible del sector audiovisual en internet", disponible en http://www.atresmediapublicidad.com/internet/atresmedia-cierra-2016-como-lider-indiscutible-sector-audiovisual-internet_2017012300515.html

- Atresmedia Publicidad (2017d) *Tarifas 2017 2º Trimestre* disponible en http://www.atresmediapublicidad.com/a3document/2013/01/08/DOCUMENTS/00010/00010.pdf

- Christensen, C. M. (2000) *The Innovators Dilemma: When New Technologies Cause Great Firms to Fail.* Cambridge: Harvard Business School Press.

- Dircomfidencial (06/07/2015) "El videoclub online Nubeox se integra en Atresplayer", disponible en https://dircomfidencial.com/medios/el-videoclub-online-nubeox-se-integra-en-atresplayer-20150706-0700/

- Galindo Rubio, F. (2008) "Implicación tecnológica del audiovisual para dispositivos móviles. Estado de la cuestión y propuesta de modelos de producción", en *Doxa Comunicación*, no6, páginas 113-138.

- García Avilés, J.A. y García Martínez, A.N. (2008) "Nuevos retos de la televisión ante la convergencia digital", en VV.AA. La televisión en España. Informe 2008. Uteca. Barcelona: Deusto. Páginas 275-288. Disponible en http://dadun.unav.edu/bitstream/10171/14346/1/Nuevos%20retos%20de%20la%20televisión%20ante%20la%20convergencia%20digital%20(Garc%C3%ADa%20Avilés%20y%20Garc%C3%ADa%20Mart%C3%ADnez).pdf

- García-Carrizo, J. (2016) "Análisis de la página web del canal Antena 3: oferta de contenidos, interactividad y redes sociales", en *Revista Mediterránea de Comunicación*, 7(2), 117-140. http://dx.doi.org/ 10.14198/MEDCOM2016.7.2.11 Págs. 117-140.

- Grece, C. (2016) *The presence of broadcasters on video sharing platforms. Typology and qualitative analysis.* European Audiovisual Observatory. Disponible en http://www.obs.coe.int/documents/205595/264625/2016+-+The+presence+of+broadcasters+on+video+sharing+platforms+%28C.+Grece%29.pdf/5a0f05e7-07bc-4069-a8b0-4fc38a9472b5

- IAB Spain (2016) *Estudio Anual de Redes Sociales 2016*, disponible en http://www.iabspain.net/wp-content/uploads/downloads/2016/04/IAB_EstudioRedesSociales_2016_VCorta.pdf

- IAB Spain (2017) *Estudio Anual de Redes Sociales 2017*, disponible en http://iabspain.es/wp-content/uploads/iab_estudioredessociales_2017_vreducida.pdf

- Infoadex (2017) *Estudio Infoadex de la inversión publicitaria en España 2017* (resumen), disponible en http://infoadex.factoriadigitalpremium.es/infoadex3/documentacion/ESTUDIO-COMPLETO-2017.pdf

- López Villanueva, J. (2011) "La reconfiguración de la cadena de valor", en Álvarez Monzoncillo, J. M. (coord.) *La televisión etiquetada: nuevas audiencias, nuevos negocios*. Madrid: Fundación Telefónica, págs. 9-31.

- Marketing Directo, 09/08/2016 "Flooxer y branded content, binomio inseparable para las marcas", disponible en https://www.marketingdirecto.com/especiales/reportajes-a-fondo/flooxer-branded-content-binomio-inseparable-marcas

- Mazaira Castro, A. (2017). "Nuevos modelos de televisión", en Gutiérrez Montes, E. *Televisión abierta. Situación actual y tendencias de futuro de la TDT*. Colegio Oficial de Ingenieros de Telecomunicación, págs. 125-146.

- Medina Laverón, M. (2017). "La televisión privada nacional", en Gutiérrez Montes, E. *Televisión abierta. Situación actual y tendencias de futuro de la TDT*. Colegio Oficial de Ingenieros de Telecomunicación, págs. 39-57.

- ONTSI Observatorio Nacional de las Telecomunicaciones y de la Sociedad de la Información (2011) *Informe anual de los contenidos digitales en España 2011. Industria y hábitos de consumo*. Red.es.

- ONTSI Observatorio Nacional de las Telecomunicaciones y de la Sociedad de la Información (2012) *Informe anual de los contenidos digitales en España 2011. Industria y hábitos de consumo*. Edición 2012. Red.es. Disponible en: http://www.ontsi.red.es/ontsi/sites/ontsi/files/informe_contenidos_digitales_edicion2012.pdf

- Portilla, I. y Medina, M. (2016) "Estrategias de monetización y datos de audiencia en los vídeos en línea. El caso de Atresmedia", *Quaderns del CAC*, 42 (19), pp. 29- 39. Disponible en https://www.google.es/url?sa=t&rct=j&q=&esrc=s&source=web&cd=1&ved=0ahUKEwiZpfDu9eLUAhUFWxoKHc6vAmEQFggmMAA&url=https%3A%2F%2Fwww.cac.cat%2Fcomponents%2Fgeneric%2Ffile%2Fdownload.jsp%3FidFichero%3D30798&usg=AFQjCNEutX310n5I5ZucxuAS-VZSZdTNu6A

- Sánchez-Tabernero, A. (2000). *Dirección estratégica de empresas de comunicación*. Madrid: Cátedra.

- Youtube (2017) "Descripción general de las redes multicanal (MCN) para creadores de YouTube". Disponible en https://support.google.com/youtube/answer/2737059?hl=es

- Zenith-blog27 (2016) "¿Puede competir Flooxer, de Atresmedia, con YouTube?. Disponible en: http://blogginzenith.zenithmedia.es/puede-competir-flooxer-atresmedia-youtube/

LA INFLUENCIA DE INTERNET EN LA CREACIÓN DE EMPRESAS AUDIOVISUALES. ESTUDIO DE CASO DE LA PRODUCTORA DIFFFERENT ENTERTAINMENT

Sara González-Fernández
Julieti-Sussi Oliveira
Universidad de Sevilla.

Resumen

El avance de las nuevas tecnologías, la era digital y la revolución provocada por Internet y las redes sociales han transformado las formas de trabajo en los distintos ámbitos laborales. Sin duda, el sector de la comunicación ha sido, en este sentido, uno de los que más cambios ha experimentado tanto positiva como negativamente. Por ello, este trabajo se centrará en el campo de la comunicación audiovisual y en la influencia que ha podido recibir tanto de Internet como de las redes sociales para extender y para crear nuevas líneas empresariales. Así, se analizará el caso de la productora sevillana *Diffferent Entertainment* con la finalidad de conocer su evolución y expansión de negocio a raíz del lanzamiento de *Malviviendo*, una de las webseries más exitosas y premiadas del panorama nacional.

Introducción

La comunicación vive inmersa en un universo cambiante. Actualmente y, gracias a la revolución tecnológica, se encuentra en un desarrollo y crecimiento permanente debido a la participación de unos usuarios cada vez más activos y creativos. Así, la aparición de nuevas herramientas y redes sociales en la primera década de los años 2000 invitan a reflexionar sobre las bases y los fundamentos de la comunicación y la interacción. Vimeo (2004), Youtube (2005), Twitter y Facebook (2007) e Instagram (2010), son algunas de las más conocidas tanto por el número de usuarios con los que cuentan como por la difusión y repercusión que tienen sus contenidos.

El sector del audiovisual es uno de los que más ha experimentado los cambios que han tenido lugar en la sociedad de la información, ya que la era digital ha abierto las puertas para la entrada de nuevos métodos de producción en los medios. Y es que parece imposible detener la rápida evolución de las tecnologías de la información que, además de modificar los hábitos de consumo actuales, transforman las actividades empresariales. Así, las tradicionales formas de creación y distribución de productos audiovisuales procedentes de la televisión y el mundo cinematográfico se encuentran inmersas en una vorágine de innovación a la que necesitan adaptarse para seguir siendo competitivos en el mercado. Junto a ello, el papel del consumidor en la era digital también ha sufrido cambios, ya que deja de ser una figura pasiva cuyo papel se basaba en asimilar la información recibida, para adoptar un rol muy activo, puesto que influye en la creación, gestión y distribución de los contenidos audiovisuales. Por tanto, el surgimiento de un nuevo modelo de producción audiovisual donde los portales de Internet y las redes sociales se convierten en distribuidores de productos audiovisuales, posibilita nuevas oportunidades de negocios en el sector al ampliarse las ofertas del mercado.

Con todo ello, con este trabajo se pretende conocer la nueva realidad a la que se enfrenta el sector audiovisual en la ciudad de Sevilla, un sector marcado, principalmente, por la producción de cine y el trabajo de la cadena de televisión autonómica, Canal Sur. Sin embargo, para acotar el objeto de estudio esta investigación se centrará en analizar un caso específico dentro del sector audiovisual sevillano, en concreto, la productora *Diffferent Entertainment*, una joven empresa hispalense creada en 2009 por un grupo de estudiantes de audiovisual que buscaban una oportunidad en el mercado de trabajo. La creación de un producto de ficción en un formato innovador, obtuvo un éxito sin precedentes en las redes sociales con la emisión de tan solo un capitulo. Fue así como la webserie *Malviviendo* abrió las puertas de su modelo de negocio y dio lugar a la creación de su propia productora.

Por tanto, el objetivo principal de este estudio es conocer cómo Internet y las redes sociales pueden influir en el nacimiento de nuevas empresas audiovisuales. Para lograr dicho objetivo se hará uso de un estudio de caso. De acuerdo con Yin (1994:13), "uno de los objetivos de esta técnica es describir situaciones o hechos concretos", por lo que consideramos esta metodología la más adecuada para poder conocer la evolución de *Diffferent Entertainment* y analizar los beneficios que les proporcionó Internet con respecto a la creación y consolidación de su modelo de negocio.

Para elaborar dicho trabajo se analizará el surgimiento y la evolución de esta productora y, para ello, se recurrirá a fuentes de datos primarias o directas, como la entrevista semiestructurada a trabajadores y miembros responsables de dicha productora. Además de ello, también se recurrirá a fuentes de datos secundarios, tales como los recursos electrónicos y documentales generados por la propia empresa. Todo ello con el fin de conocer de qué modo Internet y las redes sociales están cambiando el mercado del audiovisual sevillano.

La estructura de esta investigación parte una revisión sobre el estado del sector audiovisual en la actualidad, para continuar con un análisis descriptivo de los formatos que, como las webseries, han representado una evolución e innovación en el modo de producir contenido audiovisual. Finalmente, el trabajo se centrará en dar a conocer la historia y evolución de *Diffferent Entertainment*, surgida bajo la influencia de Internet y las redes sociales.

La trasnformación del Sector Audiovisual

Es imposible hablar del sector audiovisual sin hablar de la televisión. La pequeña pantalla, que durante muchos años mantuvo la supremacía en este ámbito, se encuentra cada vez más afectada, aunque no por ello, hundida, por las posibilidades que las redes sociales e Internet ofrecen a los espectadores para consumir y distribuir contenidos audiovisuales. Desde su nacimiento, Internet ha sido un fenómeno imparable y, con el auge de las redes sociales a partir de 2008, este fenómeno ha ido en aumento:

> La importancia que han adquirido las redes sociales en estos tiempos es tal, que últimamente hemos podido comprobar cómo las redes sociales se han hecho eco de las noticias más relevantes de los últimos años con mucha más antelación que el resto de medios de comunicación, y con un grado de *feedback* y respuesta por parte de los usuarios, que antes era impensable (Cano, 2011: 57).

Además de ello, cobra relevancia señalar la relación que se ha forjado entre las redes sociales y la televisión y que ha sido capaz de crear nuevas experiencias en el usuario y consumidor:

> Hablando de los otros medios de comunicación, es curiosa la relación que guardan las redes sociales con el medio más importante, la televisión. No es raro encontrarnos con que muchos programas se nutren de contenidos generados y extendidos por las redes sociales, mientras que otros programas se apoyan en éstas para ofrecer "experiencias alternativas" a los espectadores sobre sus programas de televisión favoritos y así expandir la experiencia televisiva. A esta interacción entre la televisión y las redes sociales, se la denomina en un sentido muy amplio, como *"Social TV"* o "Televisión Social". (Cano, 2011: 58).

Desde una visión optimista, Chan-Olmsted & Ha, (2003) creen que Internet se configura como un potente aliado para las cadenas de televisión. Pero para que eso pueda pasar las cadenas de televisión "en el futuro van a tener que innovar en contenidos y desarrollar fórmulas nuevas, sino lo van a tener muy complicado. Hay que crear formatos y productos nuevos, y adaptar las viejas formas de hacer cultura a las nuevas" (Ruano, 2012:68).

Es inevitable la cada vez más rápida evolución de las tecnologías de la información modifique no solo los hábitos de consumo actuales, sino también las actividades empresariales. Es por ello por lo que, por ejemplo, los portales de televisión en Internet se han convertido en canales de distribución de los contenidos audiovisuales convencionales (Miranda, 2003: 1).

Y es que con la llegada de YouTube en el 2005, el mundo del audiovisual sufre un cambio sin precedentes. El nuevo canal *online* asume el papel del principal referente de televisión en Internet, lo que supone nuevas reglas de producción y distribución de contenidos. En palabras de Fortes (2006: 34), "*em maio de 2006, o site atingiu a marca de 40 milhões de vídeos exibidos diariamente. Em junho do mesmo ano, o site alcançou a média de 100 milhões de exibições/dia, com o total de 2,5 bilhões de vídeos exibidos, com uma média de 65 mil novos vídeos sendo enviados diariamente*".

La rapidez con que YouTube logró alcanzar un lugar de referencia en Internet responde al tiempo que los usuarios de Internet dedican a ver videos en la red. En España, de acuerdo con el estudio *Vídeo marketing y publicidad en vídeo online: aproximación desde la perspectiva del usuario* (2011), "el consumo de contenidos audiovisuales en internet a través de vídeo *in stream* va en aumento ya que los usuarios dedican como media un cuarto de su tiempo de navegación al visionado de vídeos y la mitad de los internautas ve vídeos a través de Internet".

Además de permitir ver vídeos *online*, hay que tener en cuenta que las redes sociales facilitan a sus usuarios el intercambio de contenidos, algo que ha conllevado la aparición de nuevos fenómenos como el marketing viral. Autores como Lovejoy, Waters y Saxton, (2012) consideran que son una importante herramienta para multiplicar la repercusión del mensaje y del trabajo de aquellas empresas pequeñas que no tienen muchos recursos para hacerlo de otra forma.

Las Webseries como nuevo formato de la revolución tecnológica digital

El sector audiovisual, tradicionalmente, se ha concentrado en el ámbito cinematográfico y televisivo. Sin embargo, con las nuevas tecnologías y la era digital se han originado cambios en los hábitos de los consumidores, algo que expandió las posibilidades productivas y de negocio para algunas empresas que pusieron su foco en el mercado de contenidos audiovisuales *on line*.

Las webseries nacieron como consecuencia de los estragos que la crisis económica ocasionó en el sector audiovisual. Se trata de formatos que se hacen al margen de la industria tradicional, ya que su principal canal de distribución es la plataforma Youtube, ya que facilita la difusión de este tipo de formatos y, además, es de fácil acceso. Entre sus ventajas destaca que permite subir una pieza de forma rápida, así como transmitirla en directo y, al mismo tiempo, ofrece diferentes formas de financiación, como el *crowdfunding*, con el que desde cualquier lugar del mundo se puede ayudar a promover proyectos con la donación de fondos.

Las webseries son producciones creadas para ser consumidas en la red. Entre sus requisitos para poder considerarse como tal destacan que deben tener como mínimo tres capítulos y que estos deben contar con un hilo argumental. Al ser emitidas de forma *online*, las webseries cuentan con una mayor libertad a la hora de producir o desarrollar cualquier tipo de temas, ya que no están condicionadas por la emisión en *prime time* en la televisión tradicional que, normalmente, emite contenidos comerciales dirigidos a una audiencia generalista, tal y como ocurre con las series de ficción producidas para este medio. Así, los productores de las webseries encuentran en Internet la posibilidad de desarrollar historias que difícilmente tendrían cabida en la televisión convencional, ya que abordan cuestiones para la reflexión, sobre la crítica social, la búsqueda existencial de la vida o las prioridades vitales del individuo, entre otras, son algunas de las principales temáticas desarrolladas.

En este sentido, se puede decir de la webserie, como formato *online* lo siguiente:

> Es un formato que surge y se desarrolla durante la crisis y consiste en ficciones creadas gracias a las nuevas tecnologías, con un equipo humano –tanto técnico y artístico- muy joven, con escasos recursos económicos, y que busca que el público se identifique con el contenido, por ejemplo haciendo que los protagonistas empleen formas de hablar naturales, abordando temas que en la televisión no tienen cabida o buscando una financiación que no condicione la libertad creativa (Segarra-Saavedra, 2016:265)

A pesar de que la primera webserie que salió a la luz fue *The Spot* en 1995, emitida a través de la web de NBC y fruto de la crisis profesional de los guionistas de Hollywood, no fue hasta la llegada de la revolución tecnología y con el desarrollo de las redes sociales cuando se propició que este modelo de producción audiovisual fuera exitoso. Así, en la actualidad, el fenómeno de las webseries también ha llamado la atención de los grandes grupos televisivos españoles, hasta el punto de han invertido en la creación de espacios y canales *on line* donde comprar y difundir las webseries con más repercusión. Así, Telecinco cuenta con *mitele*, Antena 3 con *El sótano* y la plataforma *Flooxer* y TVE creo un espacio *Conoce el Internet*.

En este contexto, en declaraciones a una entrevista, Segarra-Saavedra señala que cabe destacar una webserie por encima del resto:

> Un ejemplo de triunfo que ha traspasado la red ha sido la *webserie Malviviendo* (2008), una potente serie y ácida visión sobre la vida de unos

amigos que viven en un entorno marginal sevillano marcado por el consumo de cannabis, cuyo capítulo piloto "se grabó con unos 40 euros de presupuesto –indica. Tres años más tarde, esta serie se emitía a través del canal TNT y sus autores han realizado colaboraciones con Canal Sur". (Siccardi, 2016).

Estudio de caso: *Malviviendo*

Malviviendo fue una webserie producida por un grupo de compañeros que se conocieron en un curso de Realización Audiovisual para desempleados. La afición por el mundo del audiovisual y la falta de oportunidades que imperaba en el sector en el año 2008 empujaron a esos compañeros a intentar montar su propio negocio.

Su primer trabajo consistió en grabar con sus propios medios, una cámara semi-profesional y un micrófono de karaoke, un capítulo de 15 minutos de una historia inspirada en grupo de chavales de barrio. Tras subirlo a Internet, que en aquel entonces empezaba a despertar para el mundo del audiovisual, el capítulo tuvo una gran acogida en la red al registrar más de 100.000 visualizaciones. Fue por este motivo por el que decidieron grabar el segundo y el tercer capítulo de la que sería la webserie bautizada como *Malviviendo*.

Su éxito en Internet despertó el interés de los productores de Canal Sur, la televisión autonómica de Andalucía, que hizo una oferta para que realizasen una adaptación de *Malviviendo* para la televisión. La intención de la cadena era buscar trabajos nuevos que estaban teniendo buena acogida en la red para para adecuarlos a las exigencias televisivas. El contrato con Canal Sur fue una gran oportunidad, ya que el grupo de amigos, que hasta entonces trabajaba con un presupuesto muy bajo, pudiera invertir en la adquisición de equipamiento y en la creación de su propia productora: *Diffferent Entertainment.*

Como señala la Directora de Producción, Teresa Segura, el éxito de *Malviviendo* también responde a que nació en un momento en el que los productos audiovisuales empezaban a ganar fuerza en la red:

> Fue nacer en el momento adecuado y en el sitio adecuado, cuando el termino webserie ni siquiera se conocía. Después, es verdad que la temática era original porque hasta entonces no había ninguna serie que hubiese tratado una vida normal de cuatro chavales de barrio, de un barrio marginal en el que se tratan cuestiones como la droga, la prostitución, el alcohol o la delincuencia. El personaje del aparcacoches tenía un papel fundamental en la trama, pero se trataba como un elemento más en la serie sin decir si era positivo o negativo, simplemente se trataba como un elemento más dentro de esta ficción y yo creo que eso también fue muy acertado. Y también destaca el realismo y la idea original de David, que es muy, muy buena, ya que era algo que hasta entonces no se había tratado,

así como el ritmo, que era bastante fácil de digerir o la introducción con la voz en *off* que también fue muy original. Se juntaran muchos factores y, la verdad, es que en su momento fue muy bien.

El éxito de *Malviviendo* ha sido reconocido con numerosas distinciones: Premio *BOB's* al Mejor *Videoblog* Iberoamericano, Mejor *Website* 2009, Premio ASECAN 2013 a la Mejor Obra Audiovisual para Internet, San Eufrasio 2014, Mejor Comedia *Rome Web Awards* 2014, Premio honorífico FEW 2014 y Mejor Dirección Festival Cinema Girona 2014. Sus capítulos han sido emitidos en TNT España, Canal + Francia, La 3 Italia y TVX El Salvador, en los años 2012 y 2013. En Julio de 2014, *Malviviendo* finalizó su webserie con un capítulo de despedida de dos horas de duración (3x10) y una gira de 20 días por toda España a la que asistieron 20.000 personas aproximadamente. Y el 22 Octubre 2014 se puso a la venta el pack's de las tres temporadas de la serie con *Malviviendo: el documental* y muchos contenidos extras.

Este éxito inesperado hizo que el grupo de amigos se organizara a nivel empresarial y sus siguientes trabajos ya los presentaran en el marco de su propia productora: *Diffferent Entertainment*. Así, su siguiente producción fue *El viaje de Peter McDowell*, una serie producida para Canal Sur que contó con 12 mini capítulos de 6 minutos cada uno. Tuvo poco público en televisión. Pero fue vista por más de un millón y medio de personas a través de Internet a pesar de no ser promocionada para ello. Después de esto, le han sucedido diferentes proyectos audiovisuales, como series (*Power Wonders*, para TNT, *Flaman*, para Canal Sur) o cortometrajes (*El curioso caso del corredor paulatino*, ganador del Premio del Jurado al Mejor Cortometraje y también del Premio del Público al Mejor Cortometraje), videoclips o trabajos de publicidad para conocidas marcas internacionales en formato *branding content* con el que afirman que le va muy bien. Actualmente, la productora trabaja con empresas de toda España y no descarta la posibilidad de volver trabajar para la televisión, aunque ahora lo que les interesa es que sea a nivel nacional y con un presupuesto más sólido.

Malviviendo: entrevista con la Directora de Producción

Para profundizar el conocimiento sobre el tema investigado, se incorpora, a continuación, la entrevista con Teresa Segura, la Directora de Producción de Diffferent Entertainment, ya que su testimonio como profesional del área es de gran importancia al igual que también lo es el papel que tiene su productora dentro de los nuevos modelos de negocio del sector audiovisual. La entrevista con Teresa Segura fue realizada por teléfono debido al gran flujo de trabajo en el que se encuentra inmersa tanto ella como sus compañeros y que provoca que se encuentren fuera de Sevilla. En una entrevista semi-estructurada, se establece una conversación sobre algunos puntos de referencia para esta investigación.

Pros y contras de los nuevos formatos audiovisuales

La desventaja mayor es el presupuesto. Sin presupuesto estamos muy limitados y hay que aceptar las propuestas que tenemos de alrededor. La ventaja, obviamente, es la libertad creativa que te da el hecho de no tener ninguna cadena o marca que te imponga lo que puede salir y lo que no dentro de las tramas.

El mercado audiovisual

Cada vez hay más plataformas digitales y eso significa que hay más trabajo para todos los creadores. Estamos viviendo una evolución bastante importante en el mundo web y en los formatos audiovisuales. Antes se consumían más películas, pero hoy creo que se consumen más series por el tema de coger cariño a los personajes y de ver una trama que evoluciona. Y sí que es verdad que encuentran cabida en el *boom* de plataformas digitales que hay ya que necesitan contenido, algo que enriquece el sector porque lógicamente va trabajar más gente. Nosotros cuando arrancamos, la web no era una industria y a día de hoy sí que lo es, entonces, lógicamente, desde que nosotros arrancamos hasta ahora ha habido una revolución enorme en todos los sentidos. Por ejemplo, antiguamente se estipulaba que las webseries deberían ser de corta duración, casi todas de comedia, y hoy ya no es así, es algo que está evolucionando una barbaridad.

El sector audiovisual en Sevilla

Cada vez hay más movimiento. Hay más pequeñas productoras en marcha e incluso las televisiones nacionales están apostando por hacer aquí su trabajo y eso, unido a las nuevas plataformas digitales que también están apostando por directores andaluces, a que la industria de Internet es cada vez más grande y todas las marcas y empresas quieren también tener su posicionamiento dentro de la web, provoca que se necesite la producción de contenido de entretenimiento y eso está dando más trabajo en el sector. Aquí en Andalucía sí se puede vivir del mundo audiovisual, ya que ha habido una evolución muy positiva en la comunidad.

En Andalucía se produce de todo, desde televisión, cine, videoclips, contenido para web o publicidad. Y cualquier productora tiene que estar abierta a crear cualquier producto que le llegue para poder vivir de eso. Es, precisamente, lo que nos pasa a nosotros, porque, aunque lo que nos gusta es hacer ficción y ficción propia, al final tenemos que hacer también publicidad, videos corporativos y trabajar para terceros para poder seguir viviendo dentro del sector audiovisual.

El papel de las redes sociales

Es imprescindible, porque cuando se tiene poco presupuesto, al final tu distribuidor son tus espectadores. Si les das un producto y un contenido concreto a tus seguidores y a ellos les gusta, lo comparten en sus redes sociales y lo difunden a través del boca a boca que siempre funciona muy bien. Es una herramienta imprescindible para la distribución y difusión de cualquier producto, no solo para las webseries, también para cualquier tipo de marca o publicidad, serie o película. Si no tienen un perfil en redes sociales donde los espectadores o usuarios puedan contactar directamente con el creador el producto, o un perfil en el que se pueda difundir ese proyecto es perjudicial porque cada producto necesita ya un transmedia y estar presente en todos los formatos y plataformas posibles. Las redes sociales son la mayor herramienta de promoción y difusión que existe y si encima tenemos en cuenta que son gratuitas, todavía mucho mejor.

Conclusiones

El estudio de caso de *Diffferent Entertainment* nos posibilita conocer la situación del mercado audiovisual en una sociedad que evoluciona tecnológicamente cada vez más deprisa. La productora analizada es fruto de esa transformación en la que se encuentra inmerso dicho sector, por lo que puede ser considerada como un objeto de estudio pertinente en tanto en cuanto puede aportar conocimientos interesantes sobre esta cuestión. Tras conocer la historia de la productora y entrevistar a su Directora de Producción, se definen aspectos de gran relevancia para este trabajo que ayudan a configurar la fundamentación teórica del tema. Se logra, así, el objetivo inicial de este estudio, centrado en conocer el recorrido de la empresa y analizar los beneficios que les proporcionó Internet para su creación y consolidación.

El papel de la televisión

En una industria audiovisual tradicionalmente conformada por la televisión y el cine y en una ciudad como Sevilla donde el mayor exponente cuanto a televisión es la cadena autonómica Canal Sur, se puede señalar que el papel de este medio fue muy importante para el empujón inicial de la empresa en lo referente al presupuesto financiero que obtuvo. A pesar de ello, se observa que el interés de Canal Sur por *Malviviendo* se produjo por los cambios que Internet provoca en la televisión tradicional y por la relación que se ha forjado entre ellos. Y es que *Malviviendo* llegó a la televisión por el interés y la expectación que despertó la webserie en Internet, con la idea de que los seguidores de esta ficción se trasladaran a la cadena.

La evolución tecnológica

Internet ofreció las herramientas necesarias para que el grupo pudiera dar a conocer su trabajo. Las facilidades que ofrece así como la accesibilidad y el poco presupuesto que se necesita para distribuir contenidos por Internet y a través de las redes sociales fue imprescindible para forjar el éxito de *Malviviendo* y de *Diffferent Entertainment*. Algo que con el sistema de audiovisual tradicional sería muy difícil de conseguir o incluso imposible.

Los nuevos formatos de ficción

Las webseries son formatos pensados y creados para ser consumidos en la red. En el caso analizado, se pone de manifiesto que *Malviviendo* sirvió para abrir las puertas del mercado audiovisual a un grupo estudiantes que, al no contar con presupuesto suficiente, tenían muy pocas posibilidades de trabajar como productores dentro del sector audiovisual. La principal ventaja que ofrece el formato de las webseries es la libertad temática con la que cuenta para la creación de sus tramas, así como la facilidad de visionado, debido a su corta duración y a la accesibilidad con la que cuenta al estar en Internet.

Las redes sociales

Las redes sociales han tenido y tienen un papel fundamental en la creación y consolidación de *Diffferent Entertainment*. Hay que tener en cuenta que 2008, el año en el que se creó *Malviviendo*, fue un período de auge para las redes sociales, tales como Youtube, pues contribuyeron a cambiar la forma de difusión de los productos audiovisuales. Ahora los distribuidores eran los propios usuarios al ofrecer la ventaja de ser gratuitas. Se puede decir, por tanto, que la productora supo aprovechar las ventajas ofrecidas por las redes sociales e Internet y lo sigue haciendo ahora cuando es una empresa consolidada al tener una presencia activa en ellas. Así, *Diffferent Entertainment* tiene perfiles abiertos en Facebook, Twitter, Flickr, Youtube y Vimeo, pero también, algunos de sus productos tienen una cuenta y un perfil propio. Destaca el caso de *Malviviendo*, que en Twitter cuentan con más de 100.000 seguidores y en su canal de Youtube registran más de 385.000. Teniendo en cuenta que esta productora nació gracias al éxito que obtuvieron con su proyecto inicial tras subirlo a Youtube, se puede decir que las redes sociales han sido una parte fundamental tanto para el nacimiento de *Diffferent Entertainment* como para su consolidación como empresa en el tejido audiovisual andaluz. Hay que señalar que esta productora hace uso de las redes sociales para promocionar sus nuevos proyectos y su día a día de trabajo entre sus seguidores, anunciando sus participaciones en festivales, charlas o incluso casting en busca de actores para próximos trabajos. Con ello, establece unos vínculos de comunicación con sus seguidores y con los que no lo son, ya que, a través de las redes sociales, no solo se consolidan los fans, sino que también se pueden atraer nuevos seguidores y clientes del mercado nacional e internacional. Además de ello, la interacción y el contacto directo con sus fans hace que la productora pueda conocer la opinión y la preferencia de estos hacia sus trabajos y, de esta manera, enfocar el modo de trabajo hacia una u otra vertiente. El éxito sin precedentes que, por ejemplo, obtuvo *Malviviendo*, así como las buenas críticas y la cantidad de seguidores que obtuvo y sigue obteniendo esta webserie, ha provocado que el universo transmedia llegue también a esta productora. De esta forma, tras despedirse *Malviviendo* en 2014, se publicó en 2015 *Malviviendo, la historia de Forme*, un libro en el que, diez años después, se narra el reencuentro de los protagonistas de esta webserie tras coincidir con un conocido que todos daban por muerto.

Por tanto, teniendo en cuenta el objetivo inicial de este estudio, se puede decir que Internet y las redes sociales han sido un pilar fundamental para la evolución de esta productora, al igual que ocurre en la actualidad con las empresas y los modelos de negocio de cualquier sector, pues los cambios tecnológicos y las nuevas plataformas de distribución son herramientas que ofrecen para los productores de audiovisual nuevas oportunidades de negocio: desde la publicidad, dando visibilidad a la propia marca, hasta la emisión de programas o la retransmisión en directo. Es importante destacar que Internet y las redes sociales generan una ampliación del mercado de audiovisual debido a la necesidad de producción de contenido que se requiere para atender a la demanda de los consumidores de ficción. Con ello, se posibilita no solo la creación de puestos de trabajo y volumen de negocio, sino también la adaptación de los medios tradicionales a los nuevos formatos de producción y distribución de la cultura en la era digital.

Referencias Bibliográficas

- Cano, L., M. (2011). *Social* TV en España: concepto, desarrollo e implicaciones. Cuadernos de Gestión de Información, p.55-75.

- Chan-Olmsted, S. y HA, L. (2003). Internet business models for broadcasters: how television stations perceive and integrate the Internet". *Journal of Broadcasting & Electronic Media*, December. New York, Routledge.

- Diffferent Entertainment, (2015). Dossier 2015. Diffferent Entertainment, S.L, Montequinto, Sevilla.

- Fortes, D. 2006. YouTube. Revista *Info*, pp. 33-57.

- IAB Spain Researchs, (2011). Video Marketing y publicidad en video online: aproximación desde la perspectiva del usuario.

- Lovejoy K., Waters RD., Saxton GD. (2012). Engaging Stakeholders through Twitter: How Non-profit Organizations are Getting More Out of 140 Characters or Less, en *Public Relations Review*, 38(2), pp. 313-318.

- Miranda C., R. (2003). *Nuevos modelos de producción audiovisual*. Revista Latina de Comunicación Social, 53.

- Nogales Bocio, A. I. (2010). Un paso más en la incursión de las redes sociales en el panorama de los medios de comunicación: el caso del programa Twisión de Veo7. En: Ortega, Félix; Cardeñosa, Laura (eds.) (2010). *II Congreso Internacional de Comunicación 3.0*. 1ª edición electrónica. Salamanca: II Congreso Internacional de Comunicación 3.0, Abril 2011.

- Reding, V., (2006) La tecnología de la información y la comunicación: motor de la economía moderna, en AA.VV Nuevo paradigma de los medios de comunicación en España, Nueva Economía Forum / Forum Europa, Madrid.

- Ruano, S. (2009). Internet y la telefonía móvil nuevos soportes para Distribuir contenidos audiovisuales. Razón y palabra. "Nanotecnología". 68.

- Renó, D. (2007).YouTube, el mediador de la cultura popular en el ciberespacio. *Revista Latina de Comunicación Social, 62.*

- Pérez de Silva, J. (2000) La televisión ha muerto. La nueva producción audiovisual en la era de Internet: la tercera revolución industrial. Barcelona: Gedisa

- Segarra-Saavedra, J., (2016) Panorama español de las webseries publicitarias. Aproximación transmediática desde la perspectiva del branded content. Tesis doctoral. Alicante.

- Siccardi, X. (25 de mayo de 2016) Webseries, la nueva revolución audiovisual del talento. La Vanguardia. Recuperado de www.lavanguardia.com/series/20160528/402107005636/webseries-espana-premios.html

- Yin, R. (1994): *Case study research: Design and methods*, Thousand Oaks, Sage Publishing.

CAPÍTULO V

FACEBOOK LIVE:
UN NUEVO CANAL PARA LA ENTREVISTA

Felipe Pulido Esteban
Universidad Complutense de Madrid

María Luisa Sánchez Calero
Universidad Complutense de Madrid

Resumen

La irrupción de *Facebook Live* en 2016 ha incrementado las posibilidades informativas. Los medios de comunicación aprovechan las oportunidades que ofrece la emisión en directo a través de la red social y crean nuevos espacios adaptados a ellas.

El género de la entrevista encuentra también en este nuevo ámbito un incremento de posibilidades interactivas. Las nuevas oportunidades que ofrece *Facebook* dan a los seguidores la opción de realizar comentarios, compartir la publicación y detallar sus impresiones mientras siguen el encuentro en directo.

Los diarios españoles *El País* y *El Mundo* aprovechan estas nuevas posibilidades y no dudan en crear sus propios espacios a través de *Facebook Live* desde el mismo año del lanzamiento del directo a todos los usuarios.

El esquema tradicional de la entrevista (entrevistador-entrevistado) se altera en los nuevos modelos que ofrece el ciberespacio. La audiencia es un elemento más que interviene en la construcción del diálogo y éste se enriquece con la participación del público como elemento activo dentro del proceso de realización de la entrevista.

Evoluciona, de este modo, la adaptación de la entrevista participativa al ámbito digital. Si en espacios predecesores como los encuentros o las entrevistas digitales ya destacaba la participación de la audiencia como un elemento más dentro del proceso de realización de la entrevista, con la incorporación de *Facebook Live* se incrementan aún más las posibilidades interactivas.

El papel tradicional del profesional como conductor del encuentro se mantiene, pero cobra mayor relevancia su papel de intermediador entre el entrevistado y la audiencia. Esa interconexión del periodista con el público se mantiene por medio de un dispositivo digital con conexión a internet, merced al cual el profesional del medio puede seguir la participación del público en sus entrevistas y trasladarle las cuestiones de interés al entrevistado.

Todo ello no está exento de los elementos que impiden la correcta decodificación del lenguaje. Los problemas que ocasiona la emisión en directo dificultan, en algunos casos, la capacidad de recepción del mensaje.

En cualquier caso, la entrevista como género periodístico incrementa sus posibilidades por medio de *Facebook Live* y se adapta a las nuevas oportunidades que ofrece la era digital.

Palabras clave:

Facebook Live. Entrevistas. Géneros Periodísticos. Emisión en directo. Participación del Público.

1. Introducción

Los medios de comunicación participan e interactúan en las redes sociales. Si la irrupción de internet supuso una adaptación y un incremento de las posibilidades informativas, las nuevas formas interactivas son un añadido más al marco de la comunicación.

Los géneros periodísticos aún luchan por salvaguardar sus características tradicionales en la red al mismo tiempo que se adaptan al sinfín de oportunidades que ofrece el ciberespacio. La entrevista, entendida dentro de la *Teoría de los Géneros Periodísticos*[4], ha ideado nuevos formatos interactivos basados en la participación de las audiencias. Encuentros o entrevistas digitales, ciberencuentros, e incluso videoentrevistas. Los modelos y las formas de denominarlo son diferentes dependiendo del medio de comunicación. Tampoco los expertos guardan unanimidad conceptual sobre cómo deben llamarse estos espacios. Todos ellos tienen en común la participación de las audiencias y la inclusión del público como un elemento más dentro del proceso de realización de la entrevista.

El incremento de posibilidades en las redes sociales ha hecho que los medios de comunicación hayan tratado de utilizarlas como nuevas opciones informativas. La aparición de *Facebook Live* en el año 2016 supuso un incremento de posibilidades para el género de la entrevista. Los medios de comunicación más importantes, como son *El País* y *El Mundo*, no quisieron dejar escapar la oportunidad de adaptar este género a la red social y crear, así, nuevos espacios que favorezcan la interacción con la audiencia.

Antes de la implantación de *Facebook Live* en 2016, se había permitido su utilización a algunos usuarios como período de prueba y, tras ello, comenzó

---

4 La Teoría de los Géneros Periodísticos fue introducida en España en los años sesenta por el catedrático José Luis Martínez Albertos, siguiendo los modelos propuestos por Carl Warren en Estados Unidos y Emil Dovifar en Alemania.

su puesta en marcha en Estados Unidos en primer lugar. Con su apertura a todos los usuarios, se extiende la utilización del directo y, por consiguiente, también su manejo entre los medios de comunicación.

Aunque ya se habían utilizado algunas formas de emisiones similares como *Periscope*, la sencillez que aporta *Facebook Live* añade mayor facilidad entre los usuarios.

De este modo, el género de la entrevista trata de adaptarse al espacio de las redes sociales. Algunos intentos prematuros por mantener un diálogo periodístico en algunas redes sociales no habían conseguido el desarrollo necesario ni la permanencia en el tiempo que confirmase la solidez de los modelos.

La participación de la audiencia no es nueva. Así lo recuerda María Alcalá-Santaella[5] cuando señala que este formato en el que la audiencia participa y realiza sus propias preguntas ya existía con anterioridad. Cita como ejemplo el programa "Directo, directo" (1981), de Radio Nacional de España, en el que la audiencia tenía la posibilidad de interrogar al invitado.

En cualquier caso, la adaptación digital está favoreciendo un incremento de la participación en las entrevistas, y en la última década se están desarrollando nuevos formatos que se basan en la aportación del público en estos diálogos.

Aún es pronto para determinar si con Facebook se habrá conseguido la consagración de un nuevo modelo de entrevistas. Por el momento, con el presente estudio, se pretende analizar cuál ha sido la primera adaptación de la entrevista a la red social en el año de implantación de *Facebook Live*, así como las nuevas posibilidades que este formato ofrece.

2. Marco Teórico

La entrevista periodística, tal y como se conoce hoy en día, nace en el siglo XIX6; pero será en el siglo XX cuando se consolide con la implantación de la Teoría de los Géneros Periodísticos7 en España.

La entrevista es un género que se ha popularizado tanto que "los directores de los periódicos la consideran ahora como una de las columnas del periodismo"8.

El gran atractivo de su modelo pregunta-respuesta le hacen ser un género que despierta el interés de la audiencia. No obstante, en la última década se

---

[5] Redacción para Periodistas: Informar e Interpretar. (Pág. 109-110)
[6] Historia de la Entrevista en la Prensa. Juan Cantavella. (Pág.13)
[7] Martínez Albertos enuncia una serie de reglas prácticas sobre las que luego avanzarán otros estudiosos.
[8] Introducción al periodismo. F. Bond (pág. 132)

ha tratado de adaptar a las innovaciones tecnológicas y ha incorporado nuevos formatos al modelo tradicional de entrevista, al igual que sucede con otros géneros. Antonio López Hidalgo y Ángeles Fernández, estudiosos del tema, señalan que "estos géneros constituyen una apuesta decidida por desarrollar fórmulas narrativas adaptadas a la naturaleza del ciberespacio"[9].

En ese sentido prosiguen: "la interactividad proporcionada por los medios digitales ha potenciado el papel del público hasta límites nunca antes insospechados"[10].

De este modo señalan a este modelo dentro del concepto que ellos denominan como *Entrevista de los Lectores*. Desde esta línea de investigación se cita al nuevo modelo como entrevista participativa (Pulido, Calero: 2016)[11]. No obstante, los autores y estudiosos no guardan unidad con respecto a cómo denominar a estos espacios. Tampoco los medios lo hacen.

María Alcalá-Santaella[12], de la Universidad San Pablo CEU, remarca que junto a la entrevista que el periodista realiza y vuelca posteriormente en el entorno digital, ha surgido un nuevo tipo en el que el lector ocupa el papel del periodista y formula preguntas al entrevistado.

El papel del periodista se ve desplazado por la presencia del público y sus funciones pasan a ser otras diferentes.

La profesora de la Facultad de Ciencias de la Información de la Universidad Complutense de Madrid, Concepción Edo[13], señala en su libro *Periodismo Informativo e Interpretativo* que en Internet el emisor pierde su identidad histórica porque cualquiera puede convertirse en emisor. A la vez señala que los receptores, las audiencias, adquieren un nuevo protagonismo porque pueden intervenir en las distintas fases del proceso

La entrevista se encuentra en un período de adaptación. Su modelo tradicional convive con los nuevos modelos y formatos que se desarrollan en la red. Por tanto, es posible encontrar dos formatos que conviven: el del modelo pregunta-respuesta en el que se trascribe el encuentro y el nuevo modelo participativo en el que la audiencia participa activamente en ella. Así

---

[9] Antonio Hidalgo y Ángeles Fernández (356)

[10] Antonio Hidalgo y Ángeles Fernández (356)

[11] F, Pulido y M. L. Sánchez-Calero (2016). El nuevo Concepto de Entrevista: La entrevista participativa.

[12] *Redacción para periodistas: informar e interpretar.* (Pág. 109-110)

[13] Edo en su libro *Periodismo Informativo e Interpretativo* sigue las propuestas desarrolladas en M. López, 2003 y en Armentia, J.I., Caminos, J.M.,Elexgaray, J, Marín, F. y Merchán, I., 2000. También J.M. Casasús en distintas intervenciones orales.

lo remarcan estudiosos como, por ejemplo, Ana Mancera. (Mancera, 2011)[14]

Su consolidación, hoy por hoy, no está asentada. "Las entrevistas de los lectores constituyen un género periodístico con una amplia presencia en los medios, aunque por el momento no gozan de una periodicidad y un horario fijos, indicadores de la consolidación de un género", sentencian López Hidalgo y Ángeles Fernández.

Con todo ello, los estudiosos del género de la entrevista reconocen la afluencia cada vez mayor de los nuevos modelos de entrevista, pero ponen de manifiesto la falta de afianzamiento de este género en la red.

3. Método

Las conclusiones a las que se ha llegado con esta investigación son el resultado de una metodología de análisis mixta, integrada por un estudio de campo y documental. Para ello se han analizado un total de 36 entrevistas emitidas a través de la plataforma *Facebook Live*, en los perfiles en línea de *El Mundo* y de *El País*.

La muestra de estudio se ha realizado ateniéndose a un criterio temporal. De este modo se han seleccionado todas las entrevistas registradas por ambos medios durante todo el año 2016, cuando *Facebook* lanza la posibilidad de realizar vídeos en directo a todos los usuarios en España.

Se han seleccionado los perfiles de los periódicos *El País* y *El Mundo* por su lanzamiento pionero a la utilización de *Facebook Live* y por la consolidación que han tenido otros espacios similares previos en ambos medios de comunicación, que aportan cierta trayectoria a estos espacios. También por el recorrido digital con el que cuentan los dos y el volumen de seguidores en su perfil.

El objeto de estudio de la investigación se centra, por consiguiente, en las posibilidades de adaptación del género de la entrevista periodística a las redes sociales. Así como en el estudio de los nuevos modelos de diálogo periodístico en los que se da una participación del público dentro del proceso de realización de la entrevista.

La hipótesis principal parte de la siguiente afirmación: "Los medios de comunicación utilizan Facebook Live como un canal para ampliar las posibilidades del género de la entrevista". De este modo, una segunda hipótesis vendría a reflejar que la entrevista periodística enriquece sus posibilidades en la red social de Facebook y permite una participación mucho más activa de la audiencia con nuevos modelos y formatos.

---

[14] *¿Cómo se "habla" en los cibermedios? El español coloquial en el periodismo digital.* (Pág 245 y ss)

La justificación del trabajo se base en avanzar, por tanto, en el estudio de la entrevista periodística dentro de la *Teoría de los Géneros*.

De forma previa al estudio de campo, se ha realizado la contextualización del tema y el estado de la cuestión a través un análisis teórico. Cabe destacar que, para ello, se han tenido en cuenta las diferentes líneas de investigaciones enfrentadas y se ha puesto especial interés en los estudios y publicaciones que tratan los nuevos modelos de entrevista, así como la adaptación de la entrevista al ámbito digital.

Tras el análisis teórico, se ha realizado el correspondiente estudio de campo, en el que por medio de la observación, y como paso previo a la recogida de datos, se ha tomado nota de las particularidades que ofrece *Facebook Live* y del planteamiento de las entrevistas que se emiten por medio del vídeo en directo.

Esto ha sido de gran utilidad para, después, realizar las tablas de análisis y delimitar los elementos a estudiar.

Tras ello, ha tenido una relevancia especial el análisis cuantitativo de la investigación, que se ha realizado por medio de la utilización de instrumentos de recolección de datos, como fichas y tablas, que han llevado a obtener los porcentajes y datos cuantificables de la investigación. Este estudio ha permitido hacer un análisis descriptivo de la utilización que hacen los medios de *Facebook Live* y de las posibilidades que tiene la entrevista como género periodístico en este nuevo espacio.

Con el análisis descriptivo de los medios se ha obtenido una visión particular de cada uno. Sin embargo, ha sido el cruce de los datos y el método comparativo los que han permitido obtener las diferencias y similitudes en la utilización de estos espacios entre ambos medios. Con todo ello se han obtenido resultados cuantitativos que han arrojado importantes resultados a la investigación.

No obstante, con el objetivo de desarrollar una investigación mucho más exhaustiva y fortalecer los datos obtenidos por el método cuantitativo, se han realizado también entrevistas personales.

Tras el análisis, se ha validado el planteamiento inicial y el punto de partida de la investigación y se han expuesto los correspondientes resultados que confirman la investigación.

4. Resultados

Tras realizar el análisis, siguiendo la metodología previamente indicada, se valida la hipótesis inicial y el punto de partida de la investigación. Facebook es un canal que añade nuevas posibilidades al género de la entrevista periodística. Otros formatos predecesores, e intentos de adaptación de la entrevista al ámbito digital, como los encuentros digitales o ciberencuentros, tenían una ausencia de moderación por parte del profesional, que se veía limitado en su papel. Facebook añade más posibilidades que no tenían otros espacios y le da mayor interactividad. El papel de intermediación es más activo y el periodista tiene un papel más visible como nexo entre el público y el entrevistado.

Si en los primeros meses de 2016 se produjo el lanzamiento de la plataforma *Facebook Live* a todos los usuarios en España, los medios analizados no tardaron en sumarse a ello. *El País* fue pionero en este caso y lo hizo en el mes de julio, mientras que *El Mundo* se sumó a la iniciativa dos meses más tarde y se incorporó en septiembre.

Facebook Live ha supuesto, además, un antes y un después en los nuevos modelos de entrevista. Desde *El País* reconocen que el modelo de entrevista de *Facebook Live* ha venido a sustituir al espacio de *Entrevistas Digitales*, con el que contaba el medio previamente. En este espacio se realizaban entrevistas a modo de chat en la propia página del medio y la audiencia tenía posibilidad de plantear sus preguntas con antelación y también en el momento de ejecución de la entrevista. El profesional actúa en este modelo con un papel de filtrador de todas las cuestiones que plantea la audiencia. Sin embargo no resulta sencillo mantener una estructura ordenada en el planteamiento de las preguntas, así como en el mantenimiento de los ejes temáticos y la cohesión del texto.

La última entrevista digital de *El País* según este modelo corresponde a Carlos Boyero, crítico de cine español, y fue realizada en el mes de junio, justo antes del lanzamiento del medio al directo de *Facebook*. Con ello, en este caso el nuevo formato de la red social ha venido a sustituir el espacio que se realizaba previamente y le ha aportado nuevas posibilidades de interacción que los anteriores no tenían.

Por su parte, El Mundo no ha reemplazado la sección de *Encuentros Digitales*, como ellos la denominan, y la ha mantenido junto a la utilización de *Facebook Live*. Por el momento han convivido ambas secciones de forma simultánea.

En cuanto al número total de entrevistas realizadas por medio de la red social, *El País* llevó a cabo en 2016 un total de 38 encuentros por medio de *Facebook*. En el caso de El Mundo el número de entrevistas es menor y llegó a las 25 en total durante todo el año.

Con ello, es posible señalar que los medios han dado un primer paso en la incorporación del género dialógico a *Facebook Live*, aunque aún es pronto para saber cómo será la adaptación definitiva.

4.1 La temática

La temática presenta cierta riqueza en cuanto a contenido en los dos medios de comunicación analizados. Destacan temas como la música o el cine, al igual que ocurre en los espacios de *Entrevistas y Encuentros Digitales* de ambos medios.

En el caso de *El País* los temas políticos ocupan la mayor parte de la temática de las entrevistas en *Facebook live*, en suma suponen un 26,30% del total de entrevistas emitidas en 2016. Le siguen aquellos relacionados con la música (23,68%); el cine y los libros (10,52% cada uno); los temas de ámbito internacional (7,89%); y los relacionados con los medios de comunicación (2,63%). Otros como tecnología, sociedad, e inmigración, entre otros, ocupan en conjunto el 18,41%.

En el caso de *El Mundo* destaca el cine como temática principal, con un 36% del total de espacios emitidos. Esto se debe a que el medio cuenta con secciones dedicadas al género cinematográfico y a los estrenos de cartelera. En el caso de *El Mundo* los temas relacionados con los medios de comunicación suben al 24% con respecto al 2,63% que ocupan en El País. Es llamativo que en *El Mundo* se utiliza *Facebook Live* para mantener encuentros con periodistas que han dado exclusivas recientemente en la propia redacción y permiten a la audiencia preguntar sobre cuestiones que pueden resultar de interés sobre el tema. Un ejemplo sería la entrevista realizada a la periodista Paula Guisado, sobre la investigación del caso *Fookball Leaks* (3/12/2016).

Los temas musicales, por su parte, en *El Mundo*, pasan a la tercera posición, con una franja del 12% del total. En cambio, la política, que en el caso de *El País* superaba el 26%,y se situaba en primera posición, en este medio tan sólo representa un 4% de los encuentros emitidos, la misma franja que dedica a la información internacional. Otras temáticas como deportes o sociedad ocupan, en conjunto con otros temas, un 20% del total.

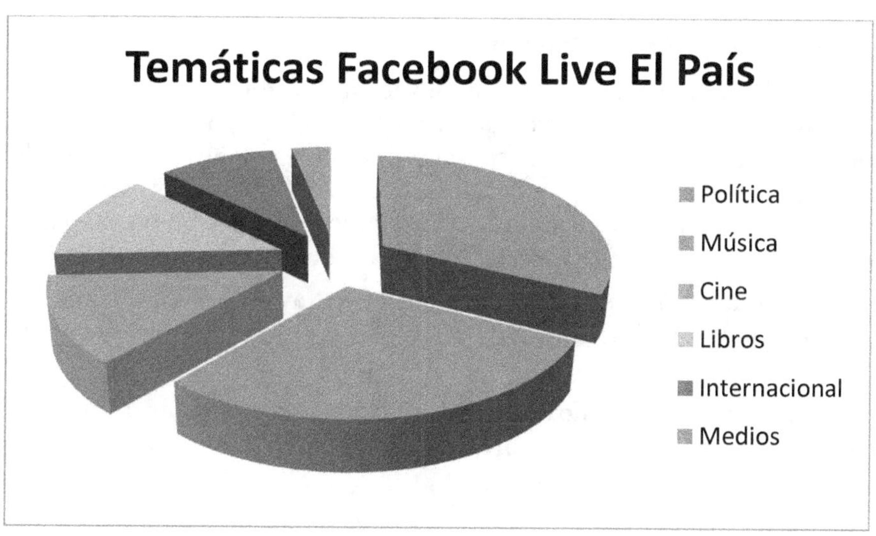

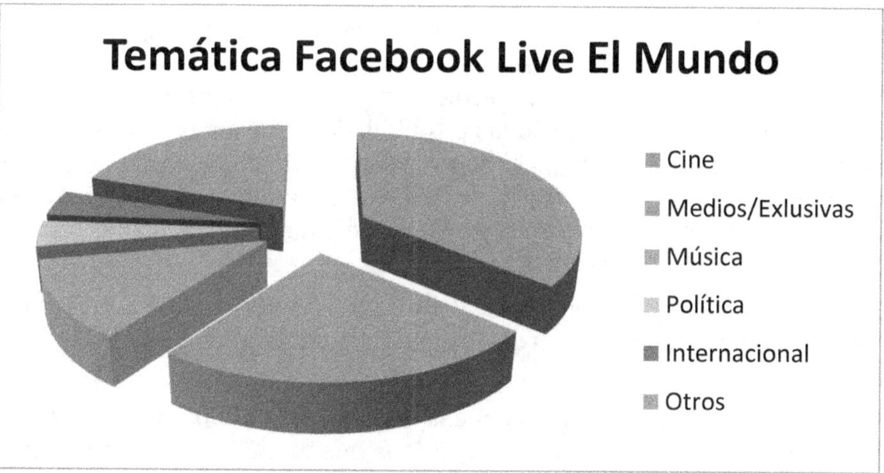

4.2 Horarios y frecuencias

Los horarios de los encuentros en *Facebook Live* no guardan ninguna regularidad en la emisión. En ambos medios se emiten indistintamente del horario. Tampoco hay marcada una periodicidad o un número de encuentros delimitados al día. La suma de encuentros realizado varía visiblemente de unos meses a otros tanto en el caso de *El País* como en el de *El Mundo*.

Esto podría deberse a la falta de consolidación del modelo, o a la adaptación de los medios al "mundo sin horarios" de la red de redes y la "televisión a la carta".

4.3 La duración de los espacios

En primer lugar, es necesario indicar que no hay una duración determinada para estos espacios. La extensión de los encuentros en *El Mundo* es visiblemente menor que la de los que se realizan en *El País* durante el período analizado. En el caso del primero, la duración de sus entrevistas oscila entre 6 minutos 15 segundos y 28 minutos 42 segundos. El segundo, por su parte, va de los 11:01 a los 40:15, que registra su encuentro más largo.

El de mayor duración en El País está realizado a Xavier Domenech, político y activista del 15-M. El de El Mundo corresponde al actor y humorista Jorge Cremades.

Con lo cual estos espacios no tienen establecido un tiempo de duración para todos los espacios, aunque siempre con tiempo inferior a una hora de duración en todos ellos.

4.4 Las visualizaciones

Las entrevistas realizadas por medio de Facebook Live consiguen ser más virales que aquellas emitidas en diferido. La red social tiene la posibilidad de emitir una alerta a todos los seguidores del perfil indicando que se está realizando un directo. Con ello las posibilidades de visualización se incrementan notablemente. Además, una vez terminado el encuentro, el vídeo puede mantenerse publicado en la red social para que aquellos que no lo han seguido en el momento de la emisión puedan reproducirlo más tarde y tantas veces como lo deseen.

También el usuario pude conocer aspectos de interés como el número de visualizaciones o los impactos que ha tenido la publicación entre la audiencia.

En ese sentido, el análisis arroja que las entrevistas emitidas por *Facebook Live* tienen más visualizaciones en *El País* que en *El Mundo*. Esto podría tener una relación con el número de usuarios que tiene cada medio, ya que *El País* cuenta con mayor volumen de prosélitos en su perfil que *El Mundo*.

La media de visualizaciones de las entrevistas de *El País* alcanza los 32.865,71 usuarios. Por el contrario, El Mundo se queda en *24.191,4* visualizaciones. Es destacable el volumen de seguidores que puede sumarse al seguimiento de estos espacios de una manera directa y rápida.

La entrevista más reproducida de 2016 la registra *El País*, dentro de la temática de Política. Se trata de un encuentro con el político de Podemos Íñigo Errejón. En esta entrevista se encuentra la cuota máxima de visualizaciones con 65.760 reproducciones. Podría explicarse por la notoriedad del personaje al que se entrevista y por el interés que éste puede causar entre la audiencia. Le sigue en visualizaciones la entrevista a Alberto Garzón, también político, con 63.579 reproducciones, y la entrevista a Ramón Espinar, con 61.405. Las entrevistas más reproducidas y con mayor seguimiento, por tanto, son de ámbito político.

El Mundo, en cambio, registra su mayor cuota de reproducciones en el encuentro con Carlos García Pozo y Alberto Rojas, ambos relacionados con el medio. La entrevista versa sobre periodismo y fotografía y alcanza las 44.235 reproducciones.

4.5 La interacción, pieza clave del nuevo modelo de entrevistas

La particularidad que le da Facebook a esta nueva forma de construir entrevistas es un modelo mucho más interactivo en el que la audiencia ya no sólo traslada comentarios y opiniones, sino que tiene también la oportunidad de lanzar impresiones por medio de iconos y todos los elementos se centran en el incremento de las posibilidades de participación.

De esta forma, se han recogido una serie de elementos que favorecen la interacción y se ha analizado su tratamiento en los diferentes medios.

4.5.1. Las impresiones

Las impresiones son elementos icónicos que permiten a la audiencia resaltar su impresión sobre lo que está viendo. Esto permite al público realizar valoraciones sobre las entrevistas. Éstas pueden realizarse en el proceso de realización del directo o una vez que éste ya ha concluido. En cualquier caso, permanecen junto a la publicación en libre acceso en todo momento.

En total cabe la posibilidad de señalar seis elementos icónicos: "me gusta", "me encanta", "me divierte", "me asombra", "me entristece" y "me enfada". Estas son las posibilidades que el público puede seleccionar para valorar el contenido que está viendo en la red social.

El análisis corrobora que el número de visualizaciones no es determinante en las interacciones que un medio pueda tener. De hecho si, como se apuntaba anteriormente, *El País* registra mayor número de usuarios que *El Mundo,* y sus entrevistas tenían mayor número de visualizaciones, en las interacciones la cosa cambia. *El Mundo* registra mayor número de impresiones de las que tiene *El País.*

De este modo, el número de impresiones de las entrevistas realizadas en El Mundo en 2016 ascienden a una media 480,04. Las de *El País*, en contrapartida se quedan en 367,71 de media.

La entrevista con mayor número de impresiones está también en *El Mundo*, con 1.656 valoraciones. Se trata de la entrevista realizada al crítico de cine Luis Martínez. Le sigue en el mismo medio con 1.633 el encuentro con Carlos García Pozo y Alberto Rojas. Por su parte, la tercera con mayor número de impresiones, 1.445 en total, se encuentra en *El País* y está realizada a Ignacio Álvarez-Ossorio, experto en temas internacionales.

En definitiva, las impresiones permiten conocer la opinión del público sobre el personaje o el espacio que se está emitiendo. En la imagen que se detalla se puede apreciar el desglose de una entrevista, donde se aprecian las impresiones del público que accede a ella.

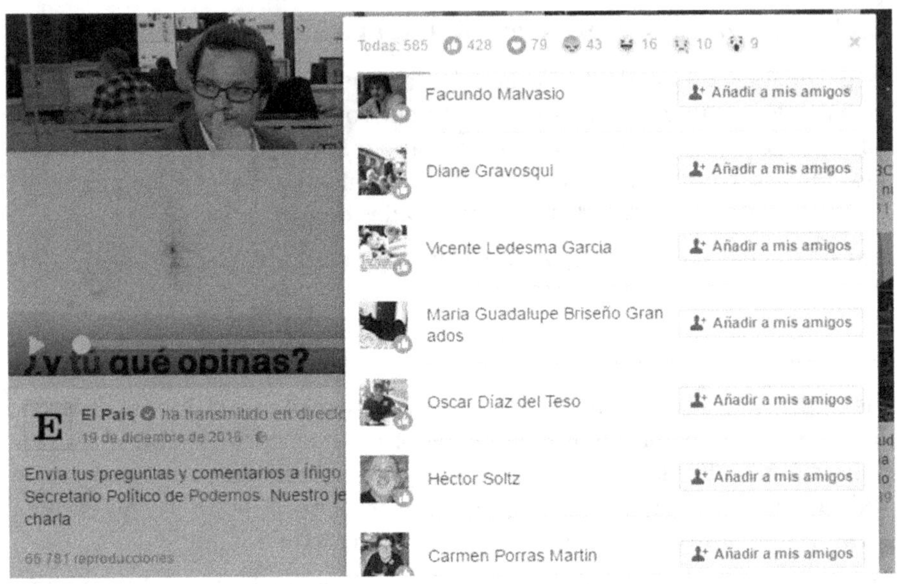

4.5.2 Compartir la entrevista

Se trata de una posibilidad más que ofrece Facebook a los usuarios y que favorece la difusión y, por consiguiente, la visualización de la entrevista. Con la posibilidad de compartir, el usuario podrá distribuir la publicación en directo, en caso de hacerlo en el momento de la retransmisión, entre todos los seguidores de su perfil. Estos se irán sumando a los del medio. De esta forma se ofrece un efecto multiplicador y dinamizador.

También en este ámbito, los seguidores de *El Mundo* son más interactivos que los de *El País*. En cualquier caso, en ambos medios, las veces que se comparte la publicación es menor que el número de impresiones y que el de los comentarios emitidos. Esto podría deberse a que compartir implica tener el contenido en el tablón personal como una publicación más.

El Mundo tiene una media de 81,52 publicaciones compartidas, mientras que *El País* se queda detrás con 78,36 veces de media. En este caso, la entrevista que ha sido compartida más veces se trata de la realizada a Alberto Garzón, en *El País*, con un total de 442 veces.

Una vez finalizado el encuentro, también es posible compartir la entrevista en diferido.

4.5.3 Los comentarios

Los comentarios de la audiencia en el espacio, permiten trasladar a la persona que dirige el encuentro las preguntas que el público quiere plantear al entrevistado. Estas, en la mayoría de las ocasiones, se intercalan con juicios de valor de la audiencia y opiniones personales.

Todos los usuarios tiene la oportunidad de seguir las comentarios que se realizan en el espacio e incluso de responderles personalmente. Esto ofrece la posibilidad de que el público pueda interactuar con el moderador y también con otros usuarios entre sí.

El Mundo registra mayor número de comentarios de media que *El País*. De este modo el primero cuenta con 217,16 comentarios de media y el segundo 201,27. Vuelve a confirmarse que la participación no guarda relación con el volumen de seguidores del medio.

De igual modo, la entrevista con más participación en este ámbito se encuentra en *El Mundo* y está realizada a la periodista Paula Guisado. Tiene un total de 1.226 comentarios.

La posibilidad de comentar en directo es lo que realmente posibilita la opción del público de trasladar sus preguntas al entrevistado. Todo ello a través de la figura del moderador que dirige el encuentro.

4.6 La figura del moderador

El encuentro por medio de *Facebook Live* está dirigido por uno o varios moderadores que hacen la función de entrevistador. La asistencia de un moderador en este tipo de encuentros es frecuente. No obstante, en la muestra analizada, ha sido posible encontrar, en algún caso puntual, la ausencia de un moderador en la entrevista, En este caso es únicamente el receptor quién lee y responde algunas de las preguntas que emite en ese momento la audiencia.

En los espacios de *El Mundo* emitidos durante 2016 hay un moderador en todos ellos; mientras que en *El País*, en alguna ocasión puntual, se prescinde de ésta figura. Se entiende que para que haya un desarrollo de la entrevista debe haber una presencia constada del moderador. Este debe ser quien seleccione las preguntas de la audiencia y quien mantenga el hilo conductor a lo largo de todo el encuentro.

Quien realiza esas funciones suele ser, de forma general, en ambos perfiles un profesional del propio medio. Su papel es el de conducir el encuentro con el entrevistador y el de introducir las cuestiones que plantea el público en el momento oportuno de la entrevista.

El periodista, por tanto, mantiene un papel en la entrevista en el que es importante que esté documentado, ya que es él quien dirige los ejes de la entrevista y quien dirige el transcurso de la misma. El conductor de la entrevista tiene, por un lado, que atender al entrevistado y escuchar sus respuestas y, por otro, atender a las preguntas que el público está planteando en ese momento. Por lo que su labor no será fácil y requiere de una doble atención.

Además, el conductor del encuentro anima a la participación de la audiencia a lo largo de la entrevista y les invita a trasladar sus cuestiones. Es a lo largo del desarrollo de la misma cuando introduce las preguntas del público. Mantendrá esa conexión con el usuario durante todo el encuentro a través de un dispositivo con conexión.

4.7 El dispositivo de intermediación

El contacto entre el periodista y el público se establece por medio de un dispositivo electrónico con conexión a Internet. Esto permite al entrevistador seguir las preguntas y comentarios que la audiencia está realizando en cada momento y seleccionar aquellas que sean de interés para la entrevista.

El dispositivo más utilizado en ambos medios es la Tablet, le sigue el teléfono móvil, y el que menos se utiliza es el ordenador portátil. En *El Mundo* la utilización de la Tablet se da en el 60% de las entrevistas realizadas en Facebook Live; el móvil en el 28% y el ordenador portátil en el 16%. En el caso de *El País*, la Tablet se utiliza en el 51.72% de los encuentros; el móvil en el 31,05% de los casos y el portátil en el 24,15%. En este caso, en un 6,9% de las entrevistas no se utiliza ningún dispositivo, con lo que se rompe el vínculo con la audiencia y, por tanto, no habría participación de la misma en el desarrollo de la entrevista. El público tiene la posibilidad de interactuar, pero sus impresiones y comentarios no son trasladas al moderador que dirige el encuentro, por lo que tampoco llegan al entrevistado.

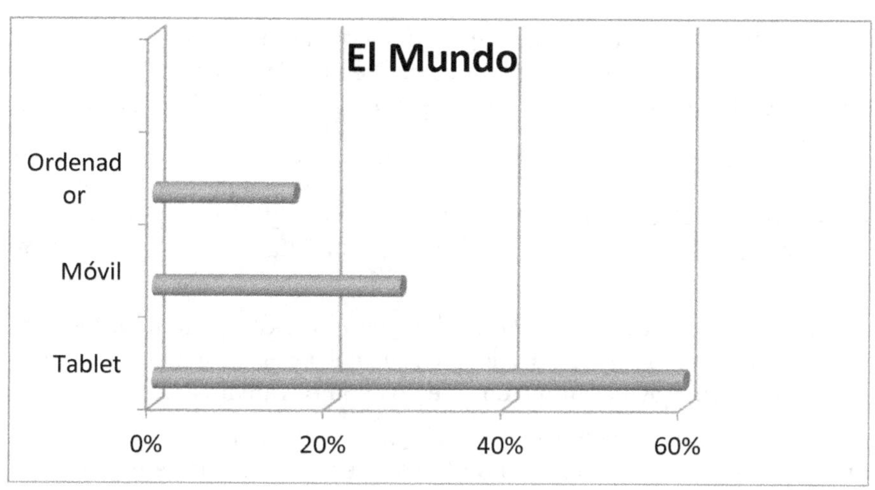

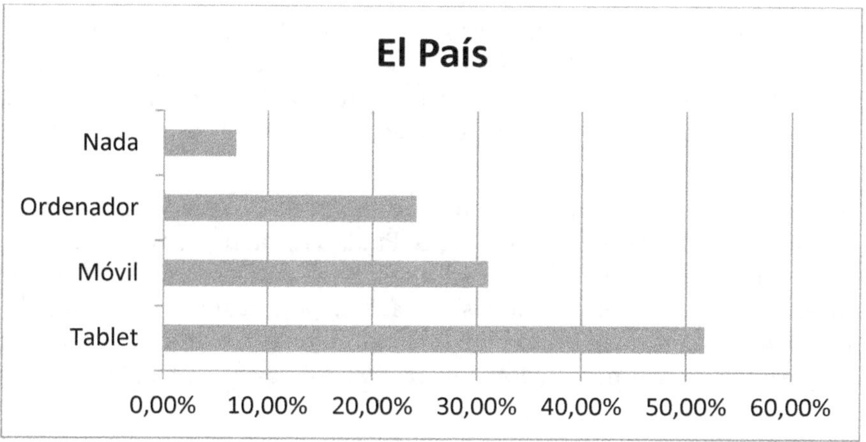

4.8 Dificultades y problemas del modelo de entrevista

Si la principal ventaja de este formato de entrevistas es que el modelo gana en interactividad, tiene la especial dificultad de atender al dispositivo que vincula al moderador con el público y a la misma vez mantener la atención con el entrevistado.

De esta forma, se hace más complicado salvaguardar los ejes de la entrevista y dificulta al moderador en la labor de introducir las cuestiones del público en el momento idóneo de la entrevista y sin romper la línea de la conversación.

Otro de los problemas a los que se enfrenta este modelo de entrevista es el de la emisión en directo en una plataforma ajena al medio. Esto puede ocasionar dificultades técnicas, en función del dispositivo y la cobertura de emisión.

En los dos modelos estudiados se han podido extraer algunos ejemplos de los problemas que ocasiona la emisión en directo y que pueden dar lugar a una contrariedad con la seriedad del medio y la falta de formalidad de los espacios.

En la entrevista realizada en *El País* a los miembros de "La maravillosa orquesta del alcohol" (15/12/2016), grupo musical, se aprecia como el sonido de un dispositivo móvil irrumpe en directo en la retransmisión.

En el mismo medio, en la entrevista a Maribel Verdú (14/12/2016) se escuchan, cuando aún se está emitiendo la cabecera, comentarios técnicos de fondo que deberían haberse omitido de la emisión.

Pero, probablemente, uno de los casos más reseñables es la interrupción de la entrevista a David Bisbal en *El País* por el fallo de la señal que da acceso a Internet. Posteriormente se reanuda un nuevo *Facebook Live* con el mismo protagonista en el que su apariencia, en cuanto al vestuario, es diferente.

Lo mismo sucede con las publicaciones emitidas por *El Mundo* en entrevistas como la realizada a los periodistas Paula Guisado y Javier Sánchez (03/12/2016). Los problemas derivados del directo se suceden de forma similar en los dos medios estudiados. Un factor podría ser el de utilizar la plataforma de la red social y no plataformas del propio medio que podrían servir para una mayor prevención del error y con mayor control técnico.

5. Conclusiones

- La emisión de entrevistas por medio de *Facebook Live* consolida la posibilidad de explotar este género en las redes sociales.

- La red social *Facebook*, con la incorporación del vídeo en directo en sus publicaciones, incrementa las posibilidades de visualización y de llegar a un mayor volumen de audiencia.

- Las visualizaciones de una entrevista no se traducen en una mayor interacción del público. Mientras que *El País* cuenta con mayor número de reproducciones en sus entrevistas, *El Mundo* tiene un público más interactivo a la hora de marcar sus impresiones, compartir las publicaciones y enviar comentarios.

- Los nuevos espacios de entrevistas en *Facebook Live* dan continuidad a las Encuentros Digitales de *El Mundo* y Las Entrevistas

Digitales de *El País*. En el caso del segundo, *Facebook Live* dilapida la sección anterior y la reemplaza por este nuevo modelo más interactivo. En el primero, por el momento conviven ambos modelos.

- El profesional tiene la doble función de dirigir el encuentro y ejercer de moderador entre el entrevistado y el público.

- El año de lanzamiento del directo en *Facebook* los principales medios han seguido la tendencia que aportan estos espacios. No obstante aún es pronto para señalarlo como un modelo consolidado y dependerá de su evolución y desarrollo el establecimiento de un modelo propio de entrevista.

- El género de la entrevista evoluciona y se adapta a las nuevas posibilidades informativas con nuevos modelos y formatos.

6. Referencias bibliográficas

- Bond, F. Fraser (1974) Introducción al Periodismo. México: Editorial Limusa.

- Cantavella, J. (2002): *Historia de la entrevista en la prensa*. Madrid: Editorial Universitas, S. A., 84-7991-132-8

- Cantavella, J. (2007): *Manual de la entrevista periodística*. Madrid: Editorial Universitas, S. A., 978-84-7991-206-2

- Cantavella, J y Serrano, J.F. (2014): *Redacción para periodistas: informar e interpretar*. Barcelona: Ariel Comunicación, 978-84-344-1298-9

- Del Arco, M. (1948): *El personaje en el bolsillo*. Barcelona: Barna.

- Dovifat, E. (1964): *Periodismo, 2 vols.*, México.

- Echevarría Llombart, B. (2012): *La entrevista periodística. Voz impresa*. Salamanca: CS, 978-84-15544-12-8

- Edo, C. (2009): *Periodismo Informativo e Interpretativo. El impacto de internet en la noticia, las fuentes y los géneros*. Segunda Edición. Sevilla: CS, 978-84-96082-96-0.

- El Mundo (1996): *Libro de Estilo*. Madrid: Temas de Hoy, 978-84-78807-11-6.

- El Pais (2003): *Libro de Estilo*. Madrid: Aguilar, 978-84-03092-23-5

- García González, M. N. (2006): *La entrevista*. Madrid: Fragua, 84-7074-205-1

- Halperín, J. (1995): *La entrevista periodística. Intimidades de la conversación pública*. Buenos Aires (Argentina): Paidos, 950-12-2701-4

- López Hidalgo, A. y Fernández Barrero A. (2014) "La entrevista de los lectores en la convergencia de medios y audiencias activas. Posibilidades y retos para la participación del lector". Estudios sobre el mensaje periodístico. Vol. 21, Núm 1. 353-357

- López de Zuazo, A. (1977): *Diccionario del periodismo*. Madrid: Pirámide.

- Martínez Albertos, J.L. (1974): *Redacción Periodística. Los estilos y los géneros en la prensa escrita. Barcelona: ATE.*

- Martínez de Sousa, J. (1981): *Diccionario general del periodismo. Madrid Paraninfo.*

- Martínez Vallvey, F. (1995): *La entrevista periodística desde el punto de vista conversacional.* Salamanca: Publicaciones Universidad Pontificia de Salamanca, 84-7299-329-9.

- Martín Vivaldiu, G. (1986): *Géneros Periodísticos*. Madrid: Paraninfo.

- Mayoral, J. (2013): *Redacción periodística. Medios, géneros y formatos.* Madrid: Editorial Síntesis, 978-84-9958-872-8.

- Quesada, M. (1984): *La entrevista: obra creativa.* Barcelona: Mitre.

- Razón, La. Edición Impresa 21 Enero de 2014. Pág 10 y ss.

- Sahagún, F. (2004) *De Gutemberg a Internet. La Sociedad Internacional de la Información.* Madrid, Fragua.

- Sánchez Calero, M. L. (2011): *Entre "tu y yo", el diálogo de la conversación pública.* En: *Géneros y Discurso Periodístico.* Madrid: Editorial Fragua, 978-84-7074-432-7.

- Santamarina, C. (1947): Manual de Periodismo. Buenos Aires: Pan América.

- Torrente Ballester, G. (1987). *"Prólogo a gente de palabra". 37 personajes entrevistos, de Blanca Berasàtegui.* Barcelona: Plaza & Janés.

- Warren, C. (1975): *Géneros periodísticos informativos.* Barcelona: ATE.

CAPÍTULO VI

INNOVACIÓN Y TRANSPARENCIA: MARIDAJE TEÓRICO, DIVERGENCIA PRÁCTICA. PROPUESTA SOBRE LAS EMPRESAS INNOVADORAS DEL SECTOR DE LA COMUNICACIÓN EN ESPAÑA

Míriam Rodríguez Pallares
Universidad Complutense de Madrid
MediaCom UCM

María José Pérez Serrano
Universidad Complutense de Madrid
MediaCom UCM

Resumen:

La innovación puede considerarse un concepto transversal a lo que la empresa es, hace y dice. En base a esta idea, las empresas de de comunicación, como agentes económicos, políticos, pero también sociales (como elaboradoras del *output* mediático), deben apelar a la innovación en sus modelos de negocio y su cultura organizativa, esto es, los rasgos de innovación no solo deben llegar a la organización, a la estructura societaria y al modelo productivo, sino que también deben mostrarse y hacerse transparentes a su entorno. A través de técnicas metodológicas cuantitativas y enfoque cualitativo, se presenta una radiografía de cinco modelos empresariales en el sector de la comunicación con el objetivo de identificar el grado de transparencia que muestran a través de sus *web sites* en lo relativo a cuatro grandes áreas temáticas: aspectos sociales y societarios, económico-financieros, comunicacionales y de organización interna. Los resultados obtenidos nos permiten concluir que innovación y transparencia no son conceptos indisociables y que los aspectos económico-financieros son los que cuentan con un menor nivel de visibilidad.

Palabras clave:

Empresa de comunicación, innovación, transparencia, estructura económica

1. Introducción y marco teórico

Desde que, a principios de los años 70, se asentasen los estudios de Comunicación en la Universidad española, las investigaciones aplicadas a este sector fueron tan cuantiosas como heterogéneas. Pero, al margen de las particularidades propias de cada microescenario, actualmente es posible identificar determinadas proposiciones aceptadas por el común del espectro científico y que otorgan cualidades distintivas a los medios de comunicación a nivel intraempresarial, estructural y sistémico. Una de estas particularidades se vincula a su producción dual dado que su *output* asume la naturaleza de producto y de servicio. Otra está relacionada con su propia misión, también doble, ya que los medios son comprendidos como un agente económico, con un claro fin lucrativo que los posiciona en un ecosistema competitivo, cambiante y complejo al que deben adaptarse a partir de un aprendizaje constante (Senge, 1995), pero también como un agente social y político (Scherer, Palazzo y Matten, 2014), cuyo rol, como altavoz de los hechos referenciales y condicionantes de la opinión pública, es sobresaliente y objetivo de intereses ampliamente cuestionados.

El contexto en el que operan los sujetos económicos –y también, por tanto, los medios de comunicación– se ha complicado, más en este siglo XXI, como consecuencia de la globalización económica, política y social, por un lado, y por la multiplicación de sus responsabilidades, por el otro. Esto es: su legitimidad no solo es considerada en relación a su oferta en el mercado, es decir, al qué ofrecen, sino también en lo relativo al cómo lo hacen y al cómo lo comunican, a su relación con sus *stakeholders* y con su entorno, cada vez más exigentes, más formados y más informados. La competencia es, por lo tanto, más ardua, y se hace imprescindible la búsqueda de "mejoras sectoriales e individuales a través de la investigación para prever nuevas vías de negocio" (Rodríguez-Pallares, 2016) y sobrevivir en el mercado, o lo que es lo mismo, se plantea necesaria la búsqueda de ventajas competitivas y diferenciales a través, en primera instancia, de la investigación para, después, apostar por la innovación.

Innovación, cambio y emprendimiento son conceptos entrelazados. Drucker (1995) consideraba que innovar era una nueva forma de generar riqueza a través de la creación o la reinvención de recursos, y esta acción era propia de los empresarios emprendedores. Por su parte, Carballo (2015) equipara el concepto de innovación al de progreso, lo vincula directamente con los binomios escasez-necesidad y sentido-proyecto, y entiende que el conocimiento –resultado lógico de la investigación–, su identificación, su gestión y explotación corporativa es la antesala de la innovación (Carballo, 2004). Se trata, por lo tanto, de un concepto holístico que busca ofrecer una ruptura profunda y creativa con lo tradicional y cuyo resultado, en el contexto empresarial, debe ser comercialmente aceptado (Gee, 1981; Nelson,

1982; Pavon y Goodman, 1981, citado por Sánchez, Cilleruelo y Etxebarría, 2010). El proceso innovador se basa en un cambio cualitativo, discontinuo (Yeo, 1993 citado por Ramis, 1998) y está inspirado en el pensamiento inductivo (Davenport, 1993 citado por Ramis, 1998). La innovación, en definitiva, se vincula no solo con la producción y la mejora tecnológica (Porter, 1990), sino también con la organización (Stevenson y Jarillo, 1990) y la creación de nuevas estructuras, es decir, el qué y el cómo de la actividad organizacional que, en la era de la cultura de lo intangible (Carrillo y Nuño, 2010: 123), prioriza nuevos conceptos más allá de los factores económicos propios de la época industrial, como el valor de marca y la reputación, pero también la gestión de la información, del conocimiento y la comunicación.

Como consecuencia de la puesta en valor de los activos intangibles en las organizaciones y la necesidad de que estos mantengan buenas relaciones con su entorno a través de una buena gestión comunicativa para fortalecer su identidad corporativa y salvaguardar su buena reputación (Van Riel, 1995; Cornelissen, 2011; Villafañe, 2012; Goodman, 2013;), surge la necesidad de que las instituciones y organizaciones sean transparentes a fin de generar un clima de confianza, de fiabilidad y veracidad, de un lado, y ofrecer información útil para la sociedad, de otro, de tal modo que se fomente su papel activo en el hacer de las organizaciones con las que comparten interés (Alejos, 2015: 5). Si se entiende innovación como progreso, como ruptura de lo previamente establecido en busca de una ventaja competitiva fundamentada en la diferenciación, fuente de riqueza en un contexto socio-político y económico determinado y resultado de un proceso de investigación, gestión y aplicación del conocimiento adquirido, entonces, innovación implica transparencia o I $\Rightarrow$ T.

La transparencia organizacional parte de la "declaración de objetivos que la empresa debería proporcionar para dar una orientación sobre qué tipo de comportamiento es obligatorio dentro de la organización" (Black, 1994: 195). Para Alejos, la transparencia tiene un doble objetivo: "comunicar la realidad de la organización a todas las partes interesadas para establecer una relación de diálogo bidireccional y de confianza, donde las expectativas comunes se conozcan", y "que, a través de la transparencia, la empresa incremente y asegure su desempeño social" (Alejos, 2015: 7).

En la actualidad, la gestión de las actividades mercantiles está sujeta a la recomendación de ser transparentes con sus públicos objetivos, como forma de resultar socialmente responsables con el entorno en el que operan para generar credibilidad y *engagement* y, también, para configurarse como herramienta de obtención de información —resultante de la bidireccionalidad comunicativa— que reduzca la probabilidad de error en la toma de decisiones estratégicas y operativas a corto y largo plazo (Pérez-Serrano, 2010).

Con base en esta línea argumental, en el artículo 5.3.1 de la norma ISO 26000 (Guía de Responsabilidad Social Corporativa) se instaba a establecer un diálogo fluido entre las organizaciones y sus *stakeholders*. En España, la Ley 19/2013, de 9 de diciembre, de Transparencia, Acceso a la Información Pública y Buen Gobierno, marca las directrices en este campo orientadas a organizaciones e instituciones de titularidad pública, esto es, son únicamente aplicables con rango de norma a "las sociedades mercantiles en cuyo capital social la participación, directa o indirecta, de las entidades previstas en este artículo sea superior al 50 por 100", de acuerdo a lo expuesto en su capítulo I, artículo 2.1.g). Dada la limitada muestra susceptible de responder a las indicaciones de dicho texto legal, la Comisión Nacional del Mercado de Valores (CNMV) publicó, en 2015, el *Código del buen gobierno de las sociedades cotizadas*, una guía de buenas prácticas aplicable a todas las sociedades mercantiles que operan en la bolsa de valores. En cinco de las recomendaciones que conforman el corpus de la propuesta del CNMV, se explicita la petición de transparencia organizativa para todas las sociedades mercantiles cotizadas a través de sus páginas web.

Figura 1: Resumen de las recomendaciones de la CNMV en relación a la transparencia on-line de las sociedades cotizadas

Aspectos clave en la investigación		Consideraciones y recomendaciones de la CNMV
Aspectos sociales y societarios	III.1.4 Reuniones y contactos con accionistas, inversores institucionales y asesores de voto	**Recomendación 4:** Que la sociedad promueva una política de comunicación y contactos con accionistas, inversores institucionales y asesores de voto que sea plenamente respetuosa con las normas contra el abuso de mercado y dé un trato semejante a los accionistas que se encuentren en la misma posición. Y que la sociedad haga pública dicha política a través de su página *web*, incluyendo información relativa a la forma en que la misma se ha puesto en práctica e identificando a los interlocutores o responsables de llevarla a cabo
Aspectos económico-financieros	III.2.1 Transparencia informativa y voto informado	**Recomendación 6:** Que las sociedades cotizadas que elaboren los informes que se citan a continuación, ya sea de forma preceptiva o voluntaria, los publiquen en su página web con antelación suficiente a la celebración de la junta general ordinaria, aunque su difusión no sea obligatoria: a) Informe sobre la independencia del auditor. b) Informes de funcionamiento de las comisiones de auditoría y de nombramientos y retribuciones. c) Informe de la comisión de auditoría sobre operaciones vinculadas. d) Informe sobre la política de responsabilidad social corporativa (RSC). **Recomendación 7:** que la sociedad transmita en directo, a través de su página *web*, la celebración de las juntas generales de accionistas.

Aspectos vinculados a los RR.HH. y al gobierno corporativo.	III.3.2.2 Composición del consejo de administración	**Recomendación 18:** que las sociedades hagan pública a través de su página *web*, y mantengan actualizada, la siguiente información sobre sus consejeros: a) Perfil profesional y biográfico b) Otros consejos de administración a los que pertenezcan, se trate o no de sociedades cotizadas, así como sobre las demás actividades retribuidas que realice cualquiera que sea su naturaleza. c) Indicación de la categoría de consejero a la que pertenezcan, señalándose, en el caso de consejeros dominicales, el accionista al que representen o con quien tengan vínculos. d) Fecha de su primer nombramiento como consejero en la sociedad, así como de las posteriores reelecciones. Acciones de la compañía, y opciones sobre ellas, de las que sean titulares.

Fuente: CNMV (2015) / Rodríguez-Barba, Pérez-Serrano y Rodríguez-Pallares (2016)

Más allá de las directrices legales aplicables al sector público o las recomendaciones dirigidas a las empresas cotizadas, Roses (2010: 157) apuesta por un alcance genérico cuando dice que "los verdaderos pilares que deben sostener los nuevos modelos de negocio son la innovación y la investigación de nuevas fórmulas, la creación de servicios que aporten valor añadido y el máximo aprovechamiento de los contenidos". En esta misma línea, Cabrera (2008) entiende que "la transparencia no es un fin en sí misma, sino un medio para conseguir un entorno de confianza dentro de las organizaciones", esto es, una forma de hacer y de conseguir los objetivos propuestos, un elemento constituyente de la identidad corporativa, es decir, de su misión, su visión y sus valores, de "su filosofía y su cultura, aquello que la hace única y que le posibilita construir un ecosistema de creencias compartidas con sus grupos de interés" (Alloza, 2014: 129).

Desde esta perspectiva, la transparencia entronca, en el contexto de los medios de comunicación, con la teoría de los principios configuradores que, de acuerdo con Nieto e Iglesias (2000) se asientan sobre la siguiente tríada: identidad, independencia y transparencia, significantes cuyo significado se impregna a todos los niveles estructurales de la empresa y se manifiesta de forma visible en su producto/servicio.

En un *mass media*, los principios configuradores se yerguen como el conjunto de aspectos que, de forma necesaria, la organización da a conocer sobre sí misma y que constituyen las bases de un contrato tácito con sus públicos objetivos, autónomos en el proceso de elección y compra del medio. Entre estos aspectos están los "jurídicos y económicos, tanto de la sociedad mercantil que ostenta su titularidad, como de la actividad que lleva a cabo" (Iglesias y Blanco, 2004: 23).

Para Alejos (2015: 8), la aplicación de un mayor o menor grado de transparencia por parte de las organizaciones o instituciones viene determinada por diferentes factores tanto internos (tamaño, rentabilidad, rendimiento en RSC, estructura societaria) como externos (visibilidad, sector, área geográfica y política...). Con esta premisa como base contextual y recuperando la relación I $\Rightarrow$ T se trata, ahora, de identificar el nivel de transparencia de una muestra reducida de empresas de comunicación consideradas innovadoras en lo relativo a su situación económico-financiera y organizacional más allá de la publicidad oficial, esto es, a través de su *web site*, el canal de comunicación más evidente para establecer comunicación con sus *stakeholders* internos y externos, por un lado, y con la sociedad en general, por el otro.

2. Metodología, objetivos y límites

La base epistemológica de esta investigación se fundamenta en un enfoque cualitativo, lo que implica que no se trata de establecer proposiciones con rango de norma, sino de aplicar la lógica inductiva a los datos obtenidos a través de técnicas cualitativas y tratados cuantitativamente. El método aplicado en esta ocasión es el estudio de casos que, para Walker (1983), es el "examen de un ejemplo en acción" y que, para Stake (2007: 46), es un método "existencial (no determinista) y constructivista" que pone el énfasis en la interpretación. Se trata pues, de un modelo de investigación que propone el estudio de una porción de la realidad para obtener conclusiones sintomáticas que permitan contribuir al estudio de la generalidad.

Como *leit motiv* de este estudio se plantea la siguiente hipótesis inicial:

Hipótesis. Los rasgos de innovación en las empresas de medios no solo llegan a la organización interna, la estructura societaria y su modelo productivo, sino que tienen el deber de mostrarse y hacer traslúcidos sus principios económicos, sus resultados y sus bases organizacionales; esto les acercará a sus *stakeholders* y a la sociedad en general, que, en algunas ocasiones, se convierten además en una de sus principales fuentes de financiación.

Figura 2. Base muestral

Núm. de orden según el *ranking* de GICOV	Núm. de orden según criterios seleccionados		Nombre	Criterio "Organización"	Criterio "Innovaciones"	Suma de los criterios seleccionados
5		1	Lab RTVE	2	14	16
1		2	Civio	0	15	15
2		3	El Confidencial	0	15	15
3		4	Vizzuality	0	14	14
8		5	Acuerdo	1	12	13
11	Muestra	6	La Marea	5	7	12
12		7	The Objective	1	10	11
6		8	Vis-à-vis	0	10	10
7		9	Infolibre	0	10	10
15		10	Mongolia	3	7	10

Fuente: Ranking de Innovación periodística 2014, GICOV / Rodríguez-Barba, Pérez-Serrano y Rodríguez-Pallares (2016) / Elaboración propia

La población sujeta a estudio parte de los resultados aportados en el *Ranking de Innovación periodística 2014* (De Lara González, et al., 2015) desarrollado por el grupo de investigación GICOV, de la Universidad Miguel Hernández. A partir de estos datos, se aplicó un criterio reduccionista fundamentado en los objetivos planteados en esta comunicación.

En primer lugar, se realizó una selección de los diez primeros puestos resultado de la combinación de dos indicadores: la **organización** y la **innovación**, propuestos por el equipo de GICOV. Posteriormente, sobre los resultados obtenidos, se establecieron tres principios que constriñen y dan coherencia a la naturaleza sintomática de esta parte de la investigación:

- Se eligieron, de entre los resultados obtenidos, los cuatro medios de comunicación que nacieron en el último quinquenio

- Se eliminó a *Acuerdo*, ya que *Pissed off Readers,* su plataforma editora, en el período del desarrollo del estudio y por cuestiones internas, se encontraba en *stand by*

- Se añadió a *El Español* que, por razones cronológicas, no había entrado en la enumeración del GICOV.

Figura 3. Características mercantiles y organizativas de la muestra

RASGOS EMPRESARIALES			MEDIOS (identificación de según el ranking de GICOV)					Moda/media (Retrato robot del medio tipo)
			La Marea	The Objective	Infolibre	Mongolia	El Español	
Información societaria		Denominación social	MásPúblico	The Objective2013	Ediciones Prensa Libre	Mongolia / Editorial Mong	Nohacefaltapapel	-
		Tipo de organización	Cooperativa	Sociedad Limitada	Sociedad Limitada	Sociedad Limitada	Sociedad Anónima	Sociedad Limitada
		Marca o marcas que comercializa	La Marea www.lamarea.com	The Objective	infoLibre tintaLibre	Mongolia	El Español	Comercializa solo una marca
		Fecha de creación	21/12/12	1/1/13	7/3/13	1/3/12	1/10/14	21/03/2013 (hipotética)
		Edad del medio (a 25 de mayo de 2016)	3 años, 5 meses y 4 días	3 años, 4 meses y 24 días	3 años, 2 meses y 18 días	4 años, 2 meses y 24 días	1 años, 7 meses y 24 días	3 años, 2 meses y 7 días
		Ámbito	Nacional	Internacional	Nacional	Internacional	Nacional Internacional	Internacional
Gestión de personas	RRHH	Personas del equipo habitual	8	12	18	6	100	28,8 -> 29
		Edad media del equipo de trabajo	35-40 años	30-35 años	30-35 años	35-40 años	30-35 años	30-35 años
		% colaboradores	4 por cada 5 = 80%	4 por cada 5 = 80%	4 por cada 5 = 80%	4 por cada 5 = 80%	2 por cada 5 = 20%	68 %
		Tipo de contratación (mayoritariamente)	Contratos indefinidos / Tiempo completo	Tiempo completo	Contratos indefinidos	Contratos de colaboración	Contratos indefinidos	Contratos indefinidos
	Género	Paridad hombres/mujeres (Mujeres/miembros del equipo)	7/10 = 70%	8/10 = 80%	4/10 = 40%	4/10 = 40%	6/10 = 60%	58 %
		Mujeres en puestos directivos	1/2 = 50%	1/3 = 33,3%	1/5 = 20%	0/1 = 0%	4/12 = 33,3%	27,32 %
	Prácticas	Estudiantes en prácticas	SÍ	SÍ	SÍ	NO	NO	SÍ
		Núm. durante el curso 2015/2016	2	2	5	0	0	1,8
		Centro educativo de procedencia	Universidad Complutense Universidad RJC			Universidad Carlos III de Madrid		Universidades públicas de Madrid

Fuente: Encuesta / Elaboración propia

Una vez seleccionada la muestra, se diseñó una matriz analítica con el objetivo de garantizar un proceso de observación sistemático y así evitar el componente interpretativo (Figura 3) en el análisis de los *web sites* de los medios analizados que, conjuntamente con los informes y los medios sociales pueden considerarse los medios más usuales para comunicarse con los públicos objetivos y establecer una relación bidireccional (Alejos, 2014). Dicha matriz se divide en cuatro grandes áreas de interés: aspectos sociales y societarios, aspectos económicos, aspectos comunicativos y aspectos relativos a los RR.HH. y al gobierno corporativo, con la intención de extraer conclusiones significativas en lo relativo a qué áreas son las más transparentes en las empresas sujetas a estudio.

El análisis ha permitido, a través de la observación no participante (como usuario), graduar las respuestas siguiendo los postulados del modelo Likert. Así, se ha considerado el grado de accesibilidad a los contenidos de acuerdo a la siguiente lógica:

- 1 "muy alta" cuando se ha encontrado la información buscada pulsando dos *links*, esto es, la ruta de acceso no necesitó más de dos pasos.

- 2 "alta", cuando se han necesitado cuatro *links* para acceder a la información deseada.

- 3 "buena", cuando se han necesitado seis *links* para acceder a la información deseada.

- 4 "deficiente", cuando se han necesitado ocho *links* para acceder a la información deseada.

- 5 "no se encuentra", cuando la información deseada no se localizó.

Asimismo, los criterios se han circunscrito a cuatro aspectos concretos que, se entiende, ayudarán a la extracción de conclusiones y las valoraciones, a la hora de plantear el diseño gráfico: Se han aglutinado en las categorías de "buena transparencia" (1 "muy alta", 2 "alta" y 3 "buena") y "mala transparencia" (4 "deficiente" y 5 "no se encuentra"), en aras a concluir respondiendo, afirmativa o negativamente, a la pregunta: ¿Son los medios innovadores de la muestra 'transparentes' económicamente hablando?

Figura 4. Modelo analítico

Criterios		Escala valorativa - grado de accesibilidad a la información				
		Muy alta (2)	Alta (4)	Buena (6)	Deficiente (8)	No se encuentra
		BUENA			MALA	
Aspectos sociales y societarios	Forma societaria y estructura de capital					
	Sede social					
	Estatutos sociales					
	Funcionamiento interno (juntas, asambleas, etc.					
	Plan estratégica					
	Misión, visión, valores					
	Principios configuradores y editoriales					
Aspectos económicos	Presupuestos (ingresos y tipos, y gastos)					
	Cuentas anuales					
	Resultados					
	Periodo medio de pago a proveedores					
Aspectos comunicativos	Difusión / audiencia					
	Suscriptores					
	Seguidores en redes sociales					
	Publicidad (tarifas, formatos, tipos					
RR.HH. y gobierno corporativo	Organigrama					
	Gobierno corporativo					
	Dirección					
	Personal					
	Sueldos / retribuciones / remuneraciones					

Fuente: Elaboración propia

Los objetivos planteados para esta ocasión son los siguientes:

1. Identificar el grado de transparencia y accesibilidad que la muestra de empresas catalogadas como innovadoras ofrecen en lo relativo a aspectos económico-financieros más allá de la publicidad oficial y a través de su *web site*, entendido este canal como facilitador del acceso tanto a su público objetivo como a sus competidores directos y *stakeholders*.

2. Realizar una comparación entre el grado de accesibilidad a los contenidos relativos a aspectos económico-financieros y a aquellos vinculados a aspectos sociales y societarios, comunicativos y de organización interna y gobierno corporativo

3. Extraer un patrón común entre la muestra e identificar grandes tendencias en cuanto a la accesibilidad del público sobre la información económico-financiera y contable de dichas estructuras empresariales.

Las limitaciones de esta investigación se concentran en la muestra del estudio, una selección de empresas circunscritas al entorno español que no permiten extraer conclusiones válidas aplicables a la totalidad de los nuevos medios, pero sí evidenciar una realidad sintomática.

Figura 5. Ficha técnica

Ámbito geográfico	España
Centro	Facultad de Ciencias de la Información
	Universidad Complutense de Madrid
	Grupo de investigación MediaCom UCM
Método de recogida de información	Observación externa o no participante (método cualitativo)
	Información en el sitio *web*
Indicadores	Acceso a la información
	Simplicidad a la hora de conocer los procesos
	6 medios (5 GICOV +1)
Tamaño muestral	5 medios válidos
Fechas del trabajo de campo	marzo-septiembre 2016

Fuente: Elaboración propia

3. Análisis

Tras realizar el estudio exploratorio de los *web sites* de los cinco medios de comunicación sometidos a análisis, se procede ahora a resumir los hallazgos resultantes, esquematizados en función de las categorías o áreas temáticas observadas. Los resultados gráficos se presentan de acuerdo a la lógica anteriormente expuesta, según la cual se compilan las tres primeras categorías de la escala Likert bajo el significante "buena transparencia" y las dos últimas categorías, bajo el significante "mala transparencia".

Los datos obtenidos nos revelan que en lo que respecta a los aspectos sociales y societarios, los cinco indicativos analizados presentan diferencias relevantes. Los casos más llamativos son *La Marea*, ejemplo de máxima accesibilidad a todos los ítems analizados y *The Objective*, ejemplo contrario, donde la accesibilidad era inexistente en todos los elementos analizados correspondientes a la categoría de "aspectos sociales y societarios".

Los casos de *Infolibre*, *Mongolia* y *El Español* coinciden en un muy deficiente grado de transparencia en los siguientes ítems: estatutos sociales, funcionamiento interno (juntas, asambleas, etc.) y plan estratégico. *Infolibre* y *El Español* sí ofrecen de forma rápida y sencilla datos relativos a su forma societaria y a la localización de su sede física, mientras *Mongolia* no lo hace y, finalmente, *Infolibre* y *Mongolia* son mucho más transparentes a la hora de manifestar su identidad corporativa (misión, visión y valores) así como sus principios configuradores que *El Español*, no siendo, este último ejemplo, especialmente opaco, en cualquier caso.

Figura 6. Grado de transparencia. Aspectos sociales y societarios (en %)

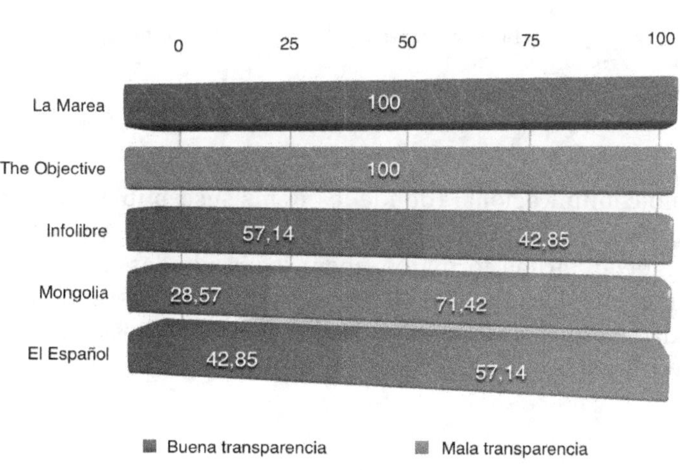

Fuente: Elaboración propia

Si se presta atención ahora a los aspectos económicos, observamos que, de forma general, los casos analizados no cumplen con el grado de transparencia exigible a una entidad considerada innovadora, dada su naturaleza de agente no solo económico, sino también político y social.

Tan solo el caso de *La Marea* presenta un porcentaje de transparencia positiva en lo relativo, concretamente, a sus resultados económicos, en los demás ítems integrados en esta categoría, así como en el resto de los casos analizados, el grado de transparencia es muy deficiente.

Figura 7. Grado de transparencia. Aspectos económicos (en %)

Transparencia relativa a aspectos económicos

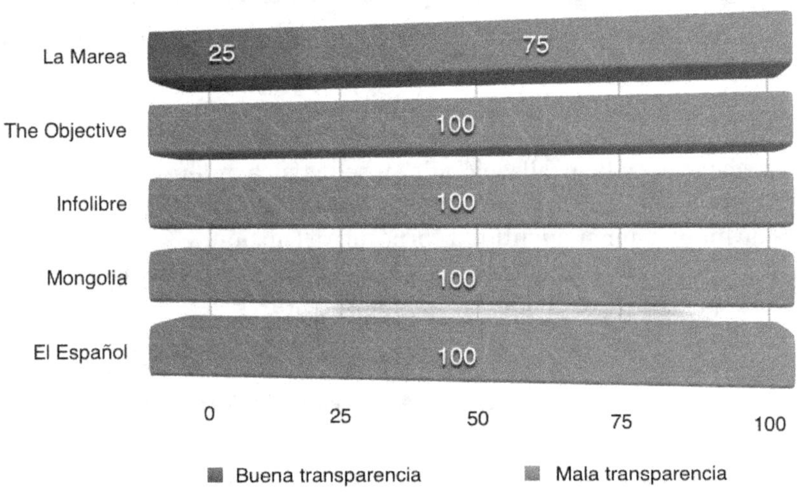

Fuente: Elaboración propia

En el plano comunicacional (donde los ítems susceptibles de localización eran: difusión/audiencia, suscriptores, seguidores en redes sociales y publicidad, es decir, tarifas, formatos, tipos), los resultados obtenidos también son ampliamente discrepantes. Mientras *El Español* presenta un grado de accesibilidad a todos los ítems alto, en los demás medios de comunicación es muy deficiente.

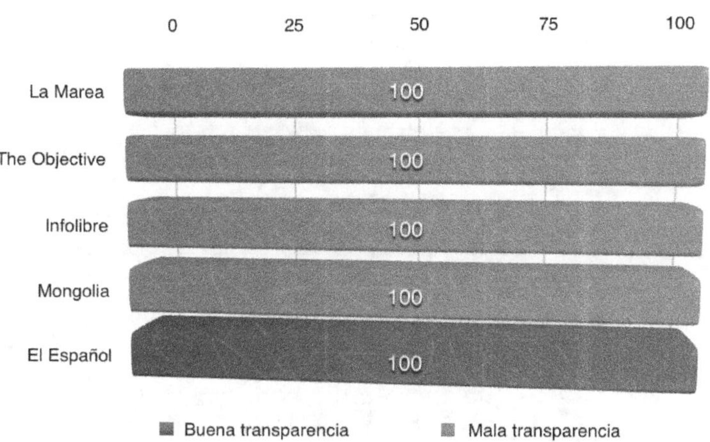

Fuente: Elaboración propia

La cuarta categoría temática sometida a análisis es aquella relativa a la organización interna, los recursos humanos y el gobierno corporativo. En esta ocasión, los resultados obtenidos, aunque igualmente desiguales, son menos opuestos. La dirección de los medios es un elemento altamente transparente en todos los casos, a excepción del caso *Mongolia* y, de igual modo, los datos vinculados al organigrama gozan también de un elevado nivel de accesibilidad en el caso de *La Marea*, *Infolibre* y *El Español*. En lo relativo al gobierno corporativo *Infolibre* y *El Español* cuentan con un reconocido nivel de transparencia, mientras, como elemento disonante, *La Marea* no es tan clara, aunque sí comparte de forma fácilmente accesible datos relativos a su personal, al igual que *The Objective* y a diferencia de los demás casos analizados.

Todos los casos resultan por igual muy opacos a la hora de difundir información relativa a las políticas de remuneración y a las políticas de responsabilidad social corporativa.

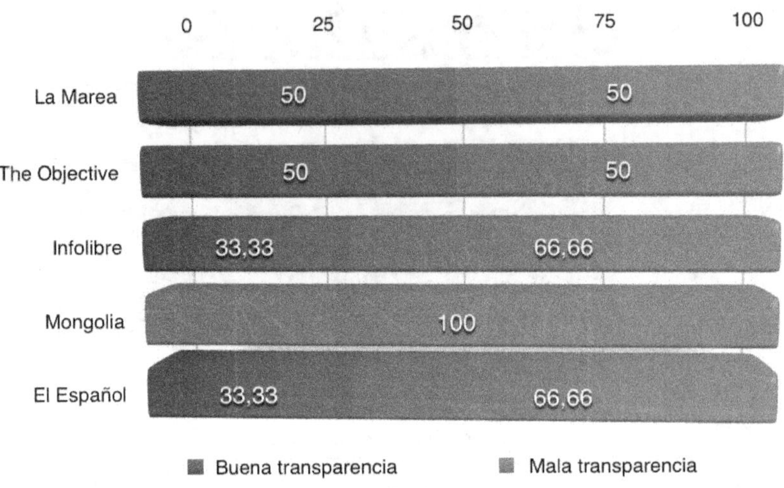

Fuente: Elaboración propia

Si se concentra la atención ahora en las áreas o categorías principales sujetas a análisis (Figura 9) se observa que los aspectos sociales y societarios y
aquellos vinculados a la organización interna y al gobierno corporativo son
los que mayor índice de transparencia obtienen en los cinco medios de comunicación sujetos a estudio. Y los aspectos económicos, lo que, notablemente, menos grado de transparencia merecen para los medios innovadores y muestra de la presente investigación.

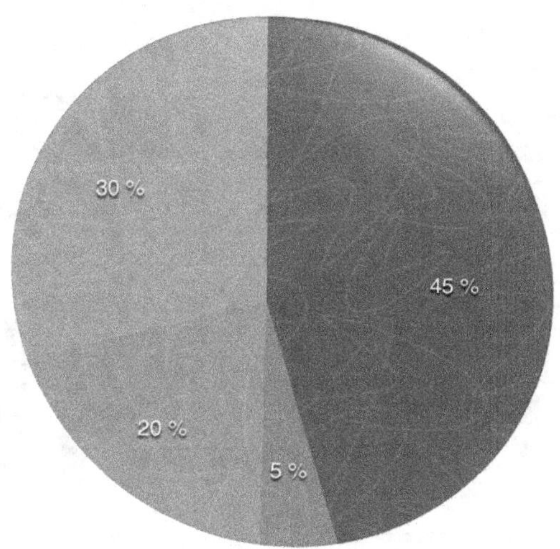

Fuente: Elaboración propia

Finalmente, si se cruzan los datos de las diferentes áreas sujetas a estudio y se compilan en dos categorías ("buena transparencia" y "mala transparencia") podemos obtener una fotografía de cada uno de los medios de comunicación analizados que nos da como resultado que solamente *La Marea* aprueba, de un modo muy justo, el examen de transparencia y accesibilidad de contenidos dirigidos a sus públicos de interés a través de sus *web sites*.

Figura 11. Nivel de transparencia por cada medio (en %)

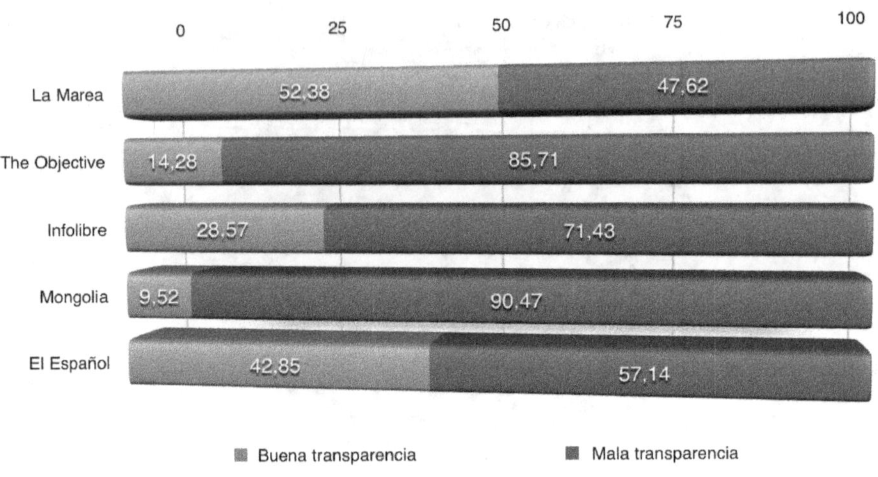

Fuente: Elaboración propia

4. Conclusiones

Tras el análisis y comparación del grado de transparencia de los aspectos sociales y societarios, económico-financieros, comunicativos y aquellos relativos a la organización interna, se puede inferir que los cinco medios de comunicación analizados y considerados innovadores no presentan un grado de transparencia óptimo y tan solo *La Marea* logra aprobar en este sentido tras unir y cuantificar todos los ítems de la matriz de análisis. Al mismo tiempo, se colige, como patrón común, que los aspectos económico-financieros son los que menos nivel de transparencia alcanzan entre la muestra del estudio.

Por lo tanto, los datos obtenidos no secundan la proposición I ⇒ T o, desde otra perspectiva, si se entiende que la innovación es un concepto transversal a lo que la empresa es, a lo que la empresa hace y a lo que la empresa dice, entonces, los medios analizados no pueden considerarse innovadores completamente, dado que su grado de transparencia es insuficiente y, por lo tanto, no alcanzan una relación de confianza con sus públicos que les otorgue la legitimidad suficiente para operar secundados por un clima de fiabilidad y veracidad. Se prevé, entonces, la necesidad de optimizar las prácticas de estos nuevos medios de comunicación en lo relativo a la comunicación con su entorno de influencia como pilar para sus modelos de negocio y vía necesaria para garantizar su estabilidad en el mercado.

5. Referencias bibliográficas

- Alejos. C.L. (2014): "Responsabilidad Social Corporativa en la era digital: de la información a la comunicación". Cuadernos de la Cátedra "la Caixa" de la Responsabilidad Social de la Empresa y Gobierno Corporativo, 25. Navarra: IESE Business School. [Fecha de consulta: 5/06/17] <http://www.iese.edu/Aplicaciones/upload/catedralacaixa25.pdf>

- Alejos. C.L. (2015): "Transparencia: Fuente de confianza en la empresa". Cuadernos de la Cátedra "la Caixa" de la Responsabilidad Social de la Empresa y Gobierno Corporativo, 27. Navarra: IESE Business School. [Fecha de consulta: 5/06/17] <http://www.iese.edu/Aplicaciones/upload/catedralacaixa-vol27.pdf >

- Alloza, A. (2014). "La medición y gestión integrada de los activos y recursos intangibles estratégicos". En Gutiérrez-García, E. y Rodríguez Virgili, J., (Coords.). El futuro de la comunicación (125-136). Madrid: LID Editorial.

- Cabrera, J. (9 de octubre de 2008). Blog Innovación en la gestión. [Fecha de consulta: 5/06/17] <http://blog. cabreramc.com/2008/10/09/la-transparencia-es-clave-para-el-futuro-de-nuestras-organizaciones/>

- Carballo, R. (2004). "Innovación, Conocimiento y Espacios de Aprendizaje: De los Inhibidores a los Sumblimadores". Revista madri+d, 2. [Fecha de consulta: 5/06/17] < http://www.madrimasd.org/revista/revista21/aula/aula2.asp#nota13/>

- Carballo, R. (2015). Innovación y gestión del conocimiento: Modelo, metodología, sistemas y herramientas de innovación. Madrid: Ediciones Díaz de Santos.

- Carrillo-Durán, M. y Nuño-Moral, M. (2010). "La documentación en la evaluación y gestión de la imagen corporativa". El Profesional De La Información, 19(2), 123-132. doi:10.3145/epi.2010.mar.02

- Cilleruelo, E., Sánchez Fuente, F. y Etxebarria Robledo, M.B. (2008). "Compendio de definiciones del concepto ´innovación´ realizadas por autores relevantes: diseño híbrido actualizado del concepto". Dirección y organización: Revista de dirección, organización y administración de empresas, 36, 61-68

- Cornelissen, J. (2011). Corporate Communication: A Guide to Theory and Practice. California-Londres: SAGE.

- De Lara González, A., Arias Robles, F. y Carvajal Prieto, M., y García Avilés, J. (2015). "Ranking de innovación periodística 2014 en España. selección y análisis de 25 iniciativas". El Profesional De La Información, 24(3), 235-245 doi:10.3145/epi.2015.may.02

- Drucker, P. (1985). Innovation and Entrepreneurship. Oxford: Butterworth- Heinemann.

- Gee, S. (1981). Technology transfer, Innovation & International Competitiveness. New York: Wiley and Sons.

- Goodman, M. (2013). "Communication and transformation in the global corporation: the changing role of the global corporation". Corporate Communications: An International Journal, 19(1), 1-10.

- Iglesias, F., y Blanco, M.M. (2004). "Principios editoriales y principios configuradores en el pensamiento del profesor Alfonso Nieto Tamargo". Doxa Comunicación, 2, 9-26.

- Nelson, R.R., y Winter, S. (1982). An Evolutionary Theory of Economic Change. Cambridge: Harvard University Press

- Nieto, A. e Iglesias, F. (2000). La empresa informativa. Barcelona: Ariel

- Pavon, J., y Goodman, R. (1981). Proyecto MODELTEC. La planificación del desarrollo tecnológico. Madrid: CDTI-CSIC

- Pérez-Serrano, M.J. (2010): "Análisis del valor de las empresas informativas". Palabra Clave, 13 (1), 47-58.

- Ramis, J.A. (1998). Profound Study of Change in Process Innovation Projects. Barcelona.

- Rodríguez-Barba, D., Pérez-Serrano, M.J. y Rodríguez-Pallares, M. (2016). Descripción de perfiles profesionales en empresas periodísticas con objetivos estratégicos orientados a la innovación. Estudio de casos. En: V Congreso Iberoamericano de Comunicación "Comunicación, Cultura y Cooperación" (AE-IC). Universidad Complutense de Madrid, Universidad Carlos III de Madrid y Universidad Rey Juan Carlos, Madrid, del 4 al 8 de julio de 2016.

- Rodríguez-Pallares, M. (2016). "Propuesta conceptual de un modelo de gestión de contenidos y del conocimiento para la empresa radiofónica española". Revista Española de Documentación Científica, 39 (2)

- Roses Campos, S. (2010): "Cambio del modelo de negocio de los medios informativos". En César Herrero, J. (ed.); Pérez-Ugena, Á. (coord.): Materiales para la innovación en Estructura de la Comunicación. Madrid: Universitas, 129-163.

- Scherer, A. G., Palazzo G. y Matten, D. (2014). "The Business Firm as a Political Actor: A New Theory of the Firm for a Globalized World". Business & Society, 538 (2), 143-156.

- Senge, P.M. (1995). La quinta disciplina en la práctica: Cómo construir una organización inteligente. Barcelona: Granica.

- Stake, R. (2007). Investigación con estudio de casos. Madrid: Morata.

- Van Riel, C.B.M. (1995). Principles of corporate communication. London: Prentice Hall.

- Villafañe, J. (2012). La buena empresa: propuesta para una teoría de la reputación corporativa. Madrid: Pearson, D. L.

- Walker, R. (1983). "La realización de estudios de casos en educación. Ética, teoría y Procedimientos". En Dockrell, W. y Hamilton, D. (eds.). *Nuevas reflexiones sobre la* investigación educativa, 42-82 Madrid: Narcea.

CAPÍTULO VII

EMPRENRED, INNOVACION Y EMPRENDIMIENTO EN LA UNIVERSIDAD DE SEVILLA

Fernando Segundo Moya Hiniesta
Doctor en Comunicación Audiovisual. Universidad de Sevilla

Resumen

Emprenred es un proyecto de investigación y proyección académica, proyecto pionero de comunicación radiofónica realizados por la Universidad con el fin de incorporar el emprendimiento empresarial al ámbito universitario. Con una didáctica basada en la creatividad, el aprendizaje cooperativo y dialógico, se construye conocimiento significativo para construir un periodismo con trascendencia social desde las aulas hasta la sociedad, con proyección y formación personal y profesional.

Palabras clave

Emprendimiento, Innovación, radio, didáctica, investigación, creatividad, periodismo.

1. Los orígenes. Tiempo de universidad

Los orígenes de *Aula Abierta*, antecedente en los proyectos sobre emprendimiento que nos ocupan, residen en el programa *Tiempo de Universidad* iniciado en 1980 en la emisora madrileña "Radio Juventud", heredera de las emisoras del movimiento franquista (REM – CAR, Red Emisoras del Movimiento y Cadena Azul de Radiodifusión).

El Premio Nacional de Periodismo Joaquín Costa 1980, (1) que consigue el programa, lo lleva hasta Radio Nacional de España, Radio 3. *Tiempo de Universidad* se convierte en referente del mundo universitario, se emite diariamente en Radio Tres de 22 a 23 horas, tras la difusión de las emisiones educativas de la Uned, con escasa audiencia, dado su número total de matriculados; a pesar de ello el programa consigue en su franja horaria una audiencia destacable (2). Ha partido de la consideración mediática que no interesaba un programa especializado en el ámbito universitario, pero el programa entiende la universidad de forma abierta a la sociedad, imbricándose en su realidad socioeconómica, cultural, social y política, en tiempos de importantes cambios para España. El éxito del programa y la participación de su Director en el Congreso de Orientación Escolar (3), con una ponencia de investigación sobre prensa y orientación profesional, va calando en los medios. El País, ABC, diario Ya y otros regionales pasan de únicamente disponer de una sección para educación a publicar Suplementos Educativos.

La celebración del día del Patrón de la universidad, Santo Tomás de Aquino, origina la creación de la "Fiesta del Estudiante y la Radio", que se convierte en 24 Horas ininterrumpidas de Radio, en primer lugar, y posteriormente de Radio y Tv, Siendo la primera vez que TVE emite ininterrumpidamente durante 24 Horas seguidas, y convirtiéndose en récord de grandes retransmisiones en Europa. Por esas citas intervienen personalidades de la vida académica, social y cultural, entre 48 actuaciones musicales en riguroso directo. Para la Tercera Edición además se emite por primera vez en grandes espectáculos en directo, con una unidad móvil sonora, montada "ad hoc", por lo que desde el punto de vista técnico se mezcla desde tres sistemas diferentes: mezcla para el escenario, mezcla para el público, mezcla para la retransmisión, con el objetivo de difundir con la máxima calidad posible con los medios técnicos de la época.

Durante la gala, se entregan los Premios universitarios del año El director de Radio Tres, Pablo García, declara que se *"persigue acercar la radio a una parte importante de la audiencia"* (4). Se dan a conocer y se difunden grupos nuevos, (entre ellos se impulsa la movida madrileña), con la participación de otros más conocidos, en diferentes estilos, La Tercera Edición, donde TVE no cerrará en toda la noche (5), se convierte en una retransmisión "sui generis", se crean dos sets, uno para las intervenciones de personalidades políticas universitarias, sociales, culturales, otro para recibir a los grupos al terminar la actuación. Entre las personalidades intervinientes: El ministro Maravall, Pérez Rubalcaba, Emilio Lamo de Espinosa, Ágata Ruiz de la Prada, y un largo etcétera de escritores, y representantes de la vida cultural, universitaria y social del momento. Intervienen musicalmente, entre otros 48 grupos en riguroso directo: Labordeta, Burning, Coz, Alaska, Loquillo y los Trogloditas, Medina Azahara, Manglis Barra Libre, Gabinete Caligari, Secretos, Labanda, Llorenç Barber, Barricada, Teddy Bautista con los Teclados Fritos. Toda una representación del Pop nacional y la música popular, que a Antonio Gómez le hace interrogarse *¿Por qué no ha continuado este tipo de Festivales?* (6). En el transcurso del programa y antes de la actuación de Barra Libre, se entregan los Premios Universitarios del Año, entre ellos al Psiquiatra Carlos Castilla del Pino, al Rector de la Central de Barcelona, el filólogo Badía i Marguerit, al Rector de la Politécnica de Madrid, Rafael Portaencasa, al Director del "Johny", Reyes Domene. Entregan el Ministro Maravall, Joaquín Arango, Carmina Virgili, Fernando Delgado, Elisa López Vera y el alcalde de Madrid, que se dirige, como ha recogido incluso la serie de televisión *Cuéntame cómo pasó* en su 17 temporada, como acto relevante incluso para la ficción televisiva, a un lleno Palacio de Deportes de Madrid, con la célebre frase: *"... un minuto, solo un minuto... Rockeros el que no esté colocado que se coloque y al loro..."* (7). En un concepto emprendedor, hacia lo musical y cultural, el programa se sirve de reconocidos valores de la música para que sirvan de base a otros grupos emprendedores musicales menos conocidos.

2. Tiempo de universidad y la orientación profesional

Tiempo de Universidad acordó en 1982 con la Fundación Universidad Empresa dirigida por D. Antonio Sáenz de Miera, un espacio semanal dedicado a la Orientación de las Profesiones, basado en las monografías de las carreras, editada por dicha entidad. Esta Fundación fue pionera en España de otras posteriores como la de la Universidad de Zaragoza. El objetivo de acercar el mundo universitario, académico y científico a la empresa y a la sociedad, fue muy seguido por el programa. El espacio dedicado a la orientación de las carreras y el empleo, contenía opiniones de los estudiantes acerca de la empleabilidad, de profesores y profesionales en ejercicio, lo que ha supuesto el antecedente de espacios radiofónicos tanto para *Aula Abierta* como para *Emprenred*. (8).

3. Aula Abierta. Jóvenes emprendedores

Programa pionero en la universidad andaluza, innovación y emprendimiento, desde hace quince temporadas ha difundido y defendido mucho antes de la crisis económica. Este acercamiento de la universidad a la realidad empresarial y al empleo. *Aula Abierta* es una iniciativa que se centra en la Facultad de Comunicación que nace entre los cursos 2002 – 2004, para acercar la profesión a los estudiantes. Un encargo dirigido al profesor Fernando Segundo Moya Hiniesta, por el Decano, a la sazón, Miguel Nieto, y el Director del Departamento de Comunicación Audiovisual, Antonio Checa, para generar un contenido de interés social, y que el autor de esta publicación la crea desde la experiencia anterior de *Tiempo de Universidad,* programa que forma parte de la historia de la radio (9) y que es reconocido como pionero para las radios universitarias (10).

El programa se convierte en prácticas profesionales tutelado por la Facultad a través de su Director Docente, se inicia en *Andalucía Abierta* (Grupo Planeta), pasando dos años más tarde a cobertura Regional en EMA RTV, y desde el curso 2011-2012, por el éxito logrado y profesionalidad demostrada, pasa a ser programa de Canal Sur Radio (Radio Andalucia Información. RAI). Primera vez que la Universidad de Sevilla tiene espacio propio, elaborado por ella misma, por mediación de un docente, en RTVA. La labor en sus inicios radiofónicos de Joaquín Durán, Director a la sazón de Canal Sur Radio en temas universitarios y los inicios profesionales de ambos, propician el acuerdo y garantía para la difusión (11).

Se emite desde el inicio durante dos horas semanales, dedicándose a contenidos universitarios abiertos a la sociedad. Cosechando desde entonces más de 500 programas de emisiones ininterrumpidas y más de mil horas de radio, dedicadas a las universidades andaluzas, sin contar las redifusiones semanales y sin obviar informaciones, experiencias e investigaciones llevadas a cabo por universidades nacionales e internacionales.

La mecánica del programa se inicia en mesa de redacción a principios de semana, para la selección de contenidos. Continuando el viernes en la redacción de Servicios Informativos del Centro, anterior a la grabación del mismo. El programa consiguió un nuevo estudio para las emisiones radiofónicas, patrocinado por la Fundación Cruzcampo, Fundación Caja Rural, Plan Propio de Docencia, Grupo 1, y los propios alumnos de Aula Abierta, con fondos de sus premios (12).

Se nombra anualmente Director, subdirector y responsable de informativos, además de responsables de las diferentes secciones. Cuenta con una dirección técnica, a través del responsable de medios audiovisuales del centro, José Luís Fernández. Siguiendo la Declaración de la Sorbona (1998), de Bolonia (1999) y de la Comunicación de la Comisión al Parlamento Europeo (2 de abril de 2009), de modernización de las universidades, el programa se ha centrado en la *"empleabilidad y la innovación como desafío que se deben abordar.... y la mejor inserción de los titulados al mercado laboral"*. Se emite a través de Canal Sur Radio (Radio Andalucía Información) por el prestigio y calidad lograda en el trabajo de los alumnos que compaginan sus estudios con la conexión profesional y la difusión social (13).

La conexión del mundo universitario con la sociedad, la necesidad de vinculación con la realidad profesional y el mundo de la empresa supone para *Aula Abierta*, una oportunidad única de vincular el mundo académico, docente, discente y administrativo, desde sus orientaciones y trabajos prácticos, con un medio de comunicación.

Aula Abierta es la única experiencia continuada y directa de la Facultad, en la formación de profesionales de la Comunicación, supone *TRANSFERENCIA DE CONOCIMIENTO*, de los estudiantes, durante su etapa de estudios a la sociedad, a través de un medio de comunicación público. Los alumnos reciben tres modelos de prácticas: de Facultad, de asignatura y curriculares empresariales. Ha obtenido en dos ocasiones los Premios 28 f, que otorgó el Parlamento y el Consejo Asesor de RTVE; Mención Especial en el Andalucía de Periodismo, otorgado por Presidencia de Gobierno y un Premio Nacional de Periodismo "Ciudad de Guadix". Cuenta con difusión online y en red https.//aulaabiertaus.wordpress.com/(14)), y con Comité Académico, además pueden seguirse las emisiones a través de sus podcast en www. canalsurradio. es/ radio a la carta / programas de radio / de la a a la z / aula abierta (15).

El programa cierra su temporada anual con la entrega de Premios Universitarios en sus diferentes modalidades relacionada con las secciones que han obtenido gran notoriedad en ambientes educativos y comunicativos (16).

Su sección *"Jóvenes Emprendedores"* ha fomentado la difusión del emprendimiento empresarial, para auspiciar la innovación del tejido empresarial andaluz, el desarrollo, la investigación para ejemplo de otras iniciativas emprendedoras que pueden surgir desde la universidad y fuera de ella.

4.- Emprered, radio.

Emprenred es un programa radiofónico nacido en 2013 dedicado al emprendimiento, con especial atención a proyectos innovadores universitarios que están alcanzando éxito empresarial y social, así como a emprendedores culturales y sociales. Se trata de una plataforma que posibilita conocer iniciativas emprendedoras en base al estudio de aquéllas que desarrollan nuevas actividades innovadoras, según recoge el Convenio del Rectorado de la Universidad de Sevilla y EMA RTV, "Onda Local de Andalucía" (17).

Surge del espacio, *jóvenes emprendedores* de *Aula Abierta*, en la consideración por parte de los Grupos de Investigación participantes, de la necesidad de realizar proyectos de investigación, sobre las iniciativas emprendedoras. Lo presentan alumnos de la Facultad de Comunicación, dirigidos por ellos mismos.

El proyecto radiofónico está amparado por dos Grupos de Investigación de la hispalense, "Géneros Audiovisuales e Imágenes" de la Facultad de Comunicación, y "Turismo y Finanzas" de la Facultad de Finanzas y Turismo, además de la colaboración de M2M Market Place, Spin off de la universidad de Sevilla. El creador, Director Docente y responsable de la dirección científica y técnica, es el autor de este artículo. Emprenred se sitúa en las redes sociales y cuenta con participación activa en la red a través de www.radioemprenred.com, creado directamente por el alumnado gracias a sus propuestas y diseño facilitado por ellos mismos, siendo Nuria Sánchez quien arranca con la primera versión. El Comité Académico está encabezado por el profesor Manuel Ángel Vázquez Medel. (18). El programa se sitúa en redes sociales como Tuenti, Twitter, Instagram, recibiendo un aumento de más del 100% desde su tercera a cuarta temporada de visitas favorecidas por el interés emprendedor e innovador. Los podcast se pueden recoger en ivoox (19) y en la propia plataforma on line, auténtico periódico digital audiovisual, donde por fechas pueden escucharse los programas.

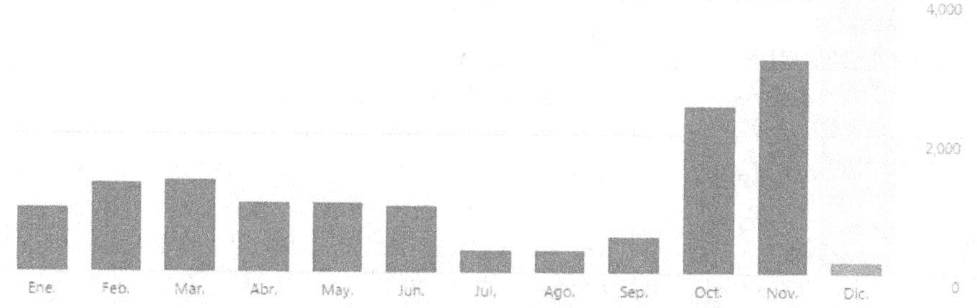

Emprenred ha obtenido el Premio Transferencia de Conocimiento 2013-2014 del Vicerrectorado de Transferencia Tecnológica, entregado en el transcurso de los Premios Universitarios del programa *Aula Abierta* (20). Se emite semanalmente cada martes de 17,00 horas a 18,00 horas, en la red de emisoras de la "Onda Local de Andalucía". En el curso 2014 - 2015, ha recibido un Accésit en la I Edición de Medios de Comunicación Audiovisuales que otorga la Presidencia de la Junta (21). El programa supone prácticas empresariales curriculares y de facultad para los alumnos de la Facultad de Comunicación. Ha sido considerado finalista entre los mejores programas de 25 años de emisión de EMA RTV "Onda Local de Andalucía".

En la exposición del Convenio, firmado por el Rector de la Universidad de Sevilla y la Dirección de EMA RTV, se especifica.

PRIMERO.- Que la US. posee, entre otros, como objetivos básicos, según su Estatuto, la docencia, estudio e investigación, así como la generación, desarrollo y difusión del conocimiento con especial atención a la Comunidad Autónoma de Andalucía, y que actualmente el Grupo de Investigación "Géneros Audiovisuales e Imágenes", de la Universidad de Sevilla que dirige la Doctora Pastora Moreno Espinosa, trabaja en el desarrollo del proyecto relacionado con el objeto de este Convenio, como es la puesta en marcha del proyecto radiofónico "Emprenred". Para ello contarán con el Grupo de Investigación "Finanzas y Turismo", que dirige el Dr. Félix Jiménez Naharro.

SEGUNDO.- En virtud de cuanto antecede, ambas partes acuerdan materializar su colaboración mediante la firma del presente Convenio y de acuerdo con lo siguiente: la emisión del proyecto "Emprenred" durante el periodo lectivo, dedicado a favorecer y dar a conocer iniciativas emprendedoras, en base al estudio de aquellas que desarrollen nuevas actividades innovadoras. Estas serán desarrolladas por el Grupo de Investigación "Géneros Audiovisuales e Imágenes". Encargándose el grupo de Investigación "Finanzas y Turismo" de dar valor a las actividades emprendedoras mediante la puesta en marcha de un entorno en red para la conexión de dichas iniciativas con su viabilidad empresarial y económica"....

En las CLAUSULAS se contempla la responsabilidad de los trabajos. Así la SEGUNDA, refiere, "... El responsable coordinador de EMA RTV (Onda Local de Andalucía) será responsable de la emisión y supervisión técnica de los trabajos, quedando la dirección y coordinación de los contenidos de los trabajos que se realicen en base al presente Convenio, bajo las directrices de los Grupos de Investigación y del Director del proyecto que se desarrollará de acuerdo con las especificaciones previstas en el Anexo I. La Dirección Científica y Técnica de los trabajos corresponde al profesor D. Fernando Segundo Moya Hiniesta, del Departamento de Comunicación Audiovisual de la Universidad de Sevilla. El equipo de trabajo estará integrado por la persona responsable de la dirección científica y técnica de los trabajos y por los profesores Dª Pastora Moreno Espinosa, D. Félix Jiménez Naharro y D. Ismael Santiago Moreno".

En el ANEXO I, referido a las tareas necesarias para el cumplimiento del Convenio se entiende que:

1. Por parte de los Grupos de Investigación se contará tanto con alumnos que soliciten estar en el proyecto, posibilitándoles Prácticas Empresariales, como por aquellos alumnos que coordinados por dichos Grupos se incorporen al proyecto como simples trabajos prácticos.

2. Los Grupos de Investigación se responsabilizarán de los alumnos de cada Centro, siendo el responsable máximo el Director Científico Técnico.

3. Las labores a desarrollar se atenderán con arreglo a los siguientes trabajos de difusión: emprendedores culturales, emprendedores sociales, emprendedores de éxito, talento innovador así como a dar información de iniciativas innovadoras y emprendedoras...

4. El Director del Proyecto velará cada semana por el contenido de los trabajos mediante reunión de coordinación, con el Director Alumno y el resto del equipo de trabajo, en la que se decidirá a modo de "mesa de redacción" los trabajos divulgativos semanales.

Ejemplos de difusión:

Citemos solo algunos de los temas tratados, a modo de ejemplo:

Apenkey (Sevilla): Llaves y cerraduras electrónicas de alta seguridad. Iniciativa de la Universidad de Sevilla y el CSIC. Premio a la mejor idea de negocio en la IX edición del Concurso de Iniciativas Empresariales de la Universidad de Sevilla. Ooh Virtual (Málaga): Realidad virtual aplicada a diferentes sectores laborales, sanitarios y de ocio. Tecnología enfocada a su uso en arquitectura, psicología, espectáculos de animación y eventos variados. Tratamiento de fobias (miedo a las alturas, a los insectos o a lugares cerrados) y tratamiento de daño cerebral adquirido. Grammata (Granada): Empresa dedicada a venta de libros electrónicos (Papyre) y distribución de contenidos de alfabetización. Líder en su sector tanto en España como en Latinoamérica. Catálogo de casi 70.000 libros digitales. Inndabox (Málaga/Sevilla): Proyecto que une restauración, arte, moda, teatro y música en una experiencia gastronómica única. Aplicación del concepto de street food, comida callejera con calidad gourmet. Montaje de espacios temporales donde un cocinero prueba sus ideas culinarias y comprueba la acogida de los clientes. Sociack (Sevilla): Medición de emociones en redes sociales. Analítica de estados de opinión a gran escala en redes sociales a través de internet. Ciclogreen (Sevilla): Promoción de la movilidad sostenible. Grandes descuentos en comercios locales o de internet para quienes usan la bicicleta o salen a correr o a patinar, o incluso a andar. Youfeelm (Sevilla): Democracia llevada al cine. Proyección de películas bajo demanda en cines locales, donde los usuarios pueden sugerir cintas a la empresa para que esta se encargue de organizar una proyección en un cine determinado. Wuolah (Sevilla): Plataforma para compartir y descargar apuntes con publicidad integrada que reporta beneficios económicos a quien los comparte. Createc

3D (Granada): Talleres de formación y aprendizaje en el manejo de impresoras 3D. También enseñan a fabricarlas y actúan como plataforma de lanzamiento para startups. Thinking Heads (Cádiz): Agencia de conferenciantes líder a nivel nacional y que presta servicios a nivel mundial, especialmente en Europa y Latinoamérica. Cartera de casi 350 personalidades españolas e internacionales del mundo de la política, la empresa, la cultura, el deporte, la publicidad, la ciencia o el periodismo. Past View (Sevilla): Combinación de turismo e historia. Empresa que invita a pasear por la Sevilla del siglo XVI a través de unas gafas virtuales que introducen al turista a moverse por la ciudad observando el entorno de 500 años atrás. Realtrack Systems (Almería): Empresa enfocada al desarrollo y mejora de la actividad física y el rendimiento deportivo a través de la tecnología. SurSideStory (Sevilla): Punto de encuentro entre andaluces y viajeros para dejar atrás el turismo meramente contemplativo y convertir una visita a Andalucía en una verdadera experiencia en la que se pueden llevar a cabo actividades tan diversas como trabajar en una salina, montar a caballo o aprender a bailar flamenco. Smartick (Málaga): Método de aprendizaje de matemáticas para ayudar a niños de entre 4 y 14 años a mejorar sus resultados en la materia. Ironhack (Málaga): Plataforma de programación y desarrollo web enfocada de manera especial a la formación y la búsqueda de empleo y emprendimiento. Miguel Ángel Cabrerizo (Granada): Catedrático de física multipremiado por su innovación en la enseñanza de esta materia. Primer premio europeo de física en 2002 por su asignatura 'Física recreativa' y premio de la Real Sociedad Española de Física. Agudiza el Ingenio (Sevilla): Agencia de publicidad íntegramente fundada y gestionada por mujeres. Tienda propia de moda y complementos. Jumping to Fame (Sevilla): Plataforma de lanzamiento y publicidad de artistas principiantes y anónimos votados por el público que pertenece a su propia red social. Magos, cantantes, bailarines, humoristas, etcétera. Métrica6 (Granada): Empresa creadora del sistema de ahorro de agua Ness, consistente en reutilizar el agua fría que dejamos correr en el grifo mientras esperamos agua caliente. Mundrop (Granada): Empresa de animación tridimensional para la creación de historias y anuncios virtuales. También realizan invitaciones de boda virtuales. Antonio P. Marrugat (Córdoba): Dibujante y caricaturista creador de un estilo llamado pixelcatura. Ganador de numerosos premios a nivel nacional e internacional. Colaborador de varios medios de comunicación escritos. Nucleus Info (Sevilla): Plataforma para periodistas y lectores. Posibilidad de crear un periódico a la carta eligiendo los autores preferidos y pagando por artículo leído. In-Quietos (Sevilla): Joven agencia de publicidad formada por estudiantes de la Facultad de Comunicación de Sevilla. Ganadora de la última edición del certamen 'De la clase a la cuenta'. Hard to Find Vinyl (Sevilla): Mercado del vinilo y la edición musical enfocado especialmente a la autoedición de artistas y a los sellos discográficos. Stimulus (Jaén): Aplicación de estimulación cognitiva especialmente pensada para tratar a pacientes con capacidad cerebral en riesgo. Una de las iniciativas del acelerador de la Junta de Andalucía 'Minerva', que gestiona startups tecnológicas. Empresa, "Mi poesía en tu pared", dedicado a comercializar textos de autores de literatura y musicales. Javier Delgado, investigación para el tratamiento de la obesidad a través de dieta mediterránea, y otras enfermedades como la diabetes y cardiovasculares, con programas a través del móvil. Estraperlo, taller de cocina y tienda ecológica. Manuel Angel Cabeza, reciclaje con escorias de la mina de Riotinto, para esculturas. Fitness Manager Index, Innovadora plataforma virtual de gestión para empresas deportivas. Tandem, asociación para el emprendimiento social, y mejora de la capacidad intelectual de discapacitados. GCG Consultores, dedicada a la organización, comunicación comercial y servicios de apoyo a la gestión empresarial. Circolab, laboratorio de experimentación educativa - tecnológica itinerante. Angeles Malagueños de la Noche, emprendedores sociales dedicados a la alimentación de necesitados. Pedro Kahos, humor gráfico y caricaturas. SPADE, plataforma de adquisición de datos mediante sensores inalámbricos, creada por estudiantes de ingeniería. Práxedes Nieto, compañía el Carromato, e iniciación al lenguaje del clown. Equipo Arus, estudiantes de la US, creadores de equipos de coche de competición para la prestigiosa Fórmula Student.

5. Emprered, "Pueblo a pueblo"

Se trata de un proyecto de investigación entre los Grupos: "Géneros Audiovisuales e Imágenes", "Finanzas y Turismo" de la Universidad de Sevilla y de "Instituto de Desarrollo Local" de la Universidad de Huelva. El proyecto tiene como finalidad la emisión de un programa de televisión dedicado al emprendimiento y la innovación. Basado en el estudio de la experiencia *Emprenred* radio y de la programación de Canal Sur Tv.; en concreto del programa "Tal Como Somos".

La experiencia en medios, en puesta en marcha de intangibles y en desarrollo local de sus miembros, en especial de los profesores Félix Jiménez Naharro, Ismael Santiago Moreno, Antonio Cáceres Mora, y el director científico, autor de este escrito, concluyen en la necesidad de atender el emprendimiento desde los territorios andaluces en sus más de 700 municipios, para contribuir al desarrollo económico de Andalucía.

6. Emprered y Aula Abierta, transferencia de conocimiento, didáctica, liderazgo y trabajo en equipo

Hay textos, como palabras, creados con espontaneidad y personalidad, apuntes de historias aún por escribir que son un género en sí mismas. *"Podrían definirse los géneros periodísticos como las diferentes modalidades de la creación literaria destinadas a ser divulgadas a través de cualquier medio de difusión colectiva"*. (22) .

Aula Abierta y *Emprenred* son emprendimiento y periodismo, experiencia, aprendizaje personal y profesional; construir conocimiento significativo considerando cada una de las competencias profesionales, claves para la formación y el aprendizaje:

- Capacidad de comunicación

- Liderazgo

- Trabajo en equipo

- Compromiso con la organización

- Resistencia a la presión

- Capacidad de adaptación y flexibilidad

- Orientación al medio.

- Capacidad de planificación y organización.

- Iniciativa

- Innovación y creatividad

El proyecto didáctico se enmarca en los Principios de Intervención que ya inició César Coll en la década de los noventa (23). El carácter evolutivo propio de un proceso de enseñanza-aprendizaje activo e innovador que ha permitido concretarlo en propuestas pedagógicas y organizativas

Evolución de los Principios de Intervención Didáctica:

Principios de Coll (1989-2002)

1. Partir del nivel de desarrollo.

2. Aprendizaje significativo.

3. Aprender a aprender.

4. Modificar esquemas de conocimiento.

5. Intensa actividad e interactividad

Esta evolución que concretamos en la propuesta de *Emprenred y Aula Abierta* a través del Aprendizaje Basado en Problemas permite, partiendo de los principios de Mellado, las consecuencias de los principios de Coll.

Si observamos los principios de Coll, podríamos decir que el protagonista de la intervención es el docente. En cambio, partiendo de los Principios de Mellado (2012) (24), es el alumnado quien utiliza su Zona de Desarrollo Potencial, de manera que realiza un aprendizaje significativo, aprendiendo nuevos procedimientos y modificando sus esquemas de conocimiento gracias a una intensa actividad e interactividad.

El Aprendizaje Basado en Problemas en ambos proyectos, tal y como define Barrows (1986, citado por Prieto en 2006) (25), utiliza una oportunidad como punto de partida para la adquisición de nuevos conocimientos, desarrollando una diversidad de competencias como el trabajo en equipo, la toma de decisiones, la resolución de casos y oportunidades, las habilidades de comunicación y el desarrollo de actitudes y valores como la precisión, y la tolerancia.

Estas competencias se posibilitan partiendo de la toma de decisiones realizada en grupo desde las aportaciones individuales. Se trata de una propuesta válida para el desarrollo y aproximación a las competencias profesionales.

Emprenred y Aula Abierta fomentan una estructura por secciones para escoger oportunidades y situaciones relevantes que permiten diversidad de contenidos y estrategias de elaboración, organizando la orientación necesaria para facilitar la motivación y los recursos e indicando los tiempos de resolución.

El proyecto toma como referencia estrategias didácticas dialógicas que permiten desarrollar las funciones ejecutivas del periodista. Desde una perspectiva elemental e interiorizada no existirá conocimiento significativo profesional y personal, ni transferencia, si se no actúa desde la libre elección, resolución y abordamiento de situaciones de aprendizaje a través de una intensa acción e interacción.

Vincular las funciones ejecutivas a las competencias profesionales, en el caso de la profesión periodística, permite desentrañar y motivar la vinculación entre motivación, responsabilidad social, creatividad y aprendizaje.

Las funciones ejecutivas que el proyecto desarrolla como habilidades cognitivas básicas para el aprendizaje, así como parte trascendental de una formación integrada en las emociones, conocimiento, entendimiento y desarrollo psicológico-emocional saludable y evolutivo de la persona, podemos establecerlas en las siguientes (Tirapu- Ustárroz y col., 2008) (26):

Si bien las funciones ejecutivas son una manifestación psicológica y neurológica de los procesos de aprendizaje y desarrollo personal, su práctica, acción y estimulación son imprescindibles para la organización de referencias cognitivas, inconscientes y emocionales en la formación personal de un periodista.

Emprenred Y Aula Abierta, como proyecto didáctico, emprenden a través del acompañamiento, la libre elección, negociación de contenidos y revisión personal, tutorizada, cooperativa y dialógica, se trata de un contexto de aprendizaje basado en la autorregulación, la acción, focalización, el esfuerzo y la emoción como premisas del desarrollo de las funciones ejecutivas, tomando como referencia el aprendizaje dialógico, es decir, las aportaciones, puesta en común, opinión y contraste; la democratización del aprendizaje, perspectiva y puntos de vista; las dimensiones y posibilidades de contenidos, su presentación y alternativas, creatividad.

Las habilidades para enseñar deben incluir la investigación de las diferentes maneras en que se construyen los significados y las formas de intervenir. Desde este enfoque, se trata de un proyecto didáctico que se orienta hacia el conocimiento de los procesos de aprendizaje de las personas y construcción del conocimiento. Practica el acompañamiento para contrastar lo que ya se sabe frente a lo que se puede aprender. Para hacerlo, todos los contenidos que se plantean son significativos, están conectados con la estructura cognitiva que poseen antes del nuevo aprendizaje mediante elementos que pueden ser relacionados.

La docencia motiva para que el equipo sea capaz de conectar lo que conocen con lo que están aprendiendo. Desde esta perspectiva, se analizan las diferentes estrategias de aprendizaje conjuntamente con los conceptos ya conocidos.

Para la generación de un aprendizaje dialógico *Emprenred y Aula Abierta* promueven los siguientes principios propios del modelo:

1.- Diálogo igualitario, todas las aportaciones se consideran en función de la validez de los argumentos y no en función de las relaciones o posiciones jerárquicas o de poder. La validez de los argumentos vendrá dada por la inteligibilidad de las emisiones, esto es, la comprensión de su sentido.

2.- Las personas somos seres en transformación (Freire, 1997). El aprendizaje está enfocado al emprendimiento y la experimentación, obviando la reproducción impuesta por la jerarquía docente. La concepción dialógica defiende la posibilidad y conveniencia de las transformaciones, propuestas y cambios como resultado del diálogo

3.- El aprendizaje dialógico han hecho de *Emprenred* y *Aula Abierta* un modelo de creación, y formación cooperativa en la medida que cada miembro del equipo decide mediante acuerdo qué quiere aprender y qué destrezas considera necesarias para su desarrollo, posibilitando el aprendizaje como una interacción dirigida por el propio equipo, creando así identidad, conciencia y sentido.

4.- *Emprenred* y *Aula Abierta* practican el aprendizaje dialógico de forma solidaria y participativa en una relación de igualdad y horizontalidad, para que sea equilibrado y justo, incorporando una dimensión social a nivel de comunidad local e internacional en el tratamiento, selección y elaboración de contenidos.

Para conocer si un grupo está realizando un trabajo cooperativo tanto *Emprenred* como *Aula Abierta* valoran si los objetivos de los participantes están vinculados entre sí con objeto de que cada miembro sólo pueda alcanzarlos si los demás también los consiguen. Como señalan Mugny y Doise (1983), la cooperación interindividual *"no debe arrancar de una consigna verbal, sino de las características específicas de la tarea que se vaya a realizar"*. En este sentido, la organización de la tarea es la de proporcionar el verdadero sentido a la forma de organización de cada acción, sección o contenido que se plantea desarrollar.

Concluir que la forma en que *Emprenred* y *Aula Abierta* estructuran el aprendizaje determina el modo en que alumnado y equipo docente interaccionan entre sí, implica que el verdadero reto del trabajo en grupo no estriba en las formas de control de la situación o en la ausencia de conflictos interpersonales, sino en encontrar formas de organización de las tareas y configuraciones de los recursos que permitan modificar puntos de vista, crear compromiso, establecer acuerdos, construir, y crecer.

La individualidad cobra sentido cuando la presencia parte de la elección personal acorde a criterios de interés y proximidad que defiende y estructura cada discurso en el grupo. Cada idea hace del aprendizaje invisible una forma de conocimiento global que parte no solo de las estrategias didácticas cooperativas sino también de la tecnología y de la forma de relacionarse con el mundo, tal y como se hace en la contemporaneidad, actualizando las formas hacia progresos de aprendizaje y periodismo en evolución, implicando todas las herramientas y recursos disponibles también para la reformulación de los géneros periodísticos existentes.

Lejos de la literatura práctica de un relato artículado, la creatividad ha hecho de *Emprenred* y *Aula Abierta*, un experimento de formas aderezadas por el aprendizaje basado en competencias.

El emprendimiento no solo es el tema y fondo central del proyecto sino también la forma en que se estructura el aprendizaje. Inteligencias múltiples puestas al servicio del dictado que desarrolla Gardner y que, desde el respeto unánime a la individualidad, crecen por la necesidad y ansia acompañada de ser.

Emprenred y *Aula Abierta* desarrollan didácticas de aprendizaje que instauran el acompañamiento y la compañía como una teoría de formación inmediata, una forma de conocer, hacer y deshacer, vivir y convivir, discutir, estar y organizar, convocar, auto regular, crear y recrear, corregir, favorecer y permitir personas profesionales.

¿Se podría considerar que Emprenred es transferencia de conocimiento para la sociedad? José Guadix, Vicerrector de Transferencia Tecnológica de la Universidad de Sevilla, entrevistado para *Emprenred* por Rocío Crenes *"Claro, el conocimiento básicamente se encuentra en la Universidad, y nosotros estamos transfiriendo conocimiento cada día con nuestros egresados al tejido productivo, y de esta forma lo que estáis haciendo es que, alumnos de esta facultad y de otros centros que puedan colaborar con vosotros, se formen para cuando vayáis el día de mañana a trabajar en el tejido productivo, en las empresas, ya sean vuestras, ya sean para otros como trabajo por cuenta ajena, que tengáis unos conocimientos más desarrollados, más formados"*.
Emprenred y *Aula Abierta* son sintonía de periodismo, voz y radio construida en aprendizaje.

Bibliografía

- Diario el País 4 de diciembre de 1980. Gabinete de Estudios y Asesoramiento, Fundación Hogar del Empleado 17 diciembre 1980

- Ente Público de RTVE. Gabinete de Planificación. Estudios de análisis y contenidos e Investigación de Audiencias. Primer semestre de 1983.

- I Congreso de Orientación Escolar y Profesional. La Orientación Escolar ante la Reforma de las Enseñanzas Medias y el Empleo Juvenil. MEC Madrid 1985.

- País, 28 enero 1983.

- País, 30 de enero 1983.

- Antonio Gómez. Memoria Músico – Festival de un jubilado Tocapelotas. Aplgomez.blogspot.com/2013/107recitales-de-ayer.html.

- www.rtve.es/television/cuentame/. Temporada 17, capítulo 285.

- Tiempo de Universidad. RNE Radio 3, 1981 – 1983, sección orientación profesional.

- Díaz Lorenzo. La Radio en España 1993 – 1995. Alianza Editorial, edición aumentada. Madrid 1995.

- Dolores Rodríguez Barba, Jean Jacques Cheval y M.A. Ortiz. "La Radio Universitaria en el Siglo XXI. Perspectiva Hispano Francesa. Edmetic, Revista de Educación Mediática y TIC – 2014 – España – Francia .

- Aula Abierta, Canal Sur Radio, Radio Andalucía Información. www.canalsurradio.es.

- Fcom actualidad, 27-11-2013.

- Declaración de la Sorbona, La Sorbona París 25 de mayo de 1998. Bolonia, 18 de junio de 1999, declaración conjunta de ministros europeos de educación. Comunicación de la Comisión al Parlamento Europeo, al Consejo, al Comité Económico y Social Europeo y al Comité de las Regiones, 2 de abril de 2009, "una nueva asociación para la modernización de las universidades (com 2009 158 final).

- https.//aulaabiertaus.wordpress.com.-

- www. canalsurradio. es/ radio a la carta / programas de radio / de la a a la z / aula abierta.

- Portal de Comunicación de la Universidad de Sevilla. 1470172015. Dirección de Comunicación.

- Convenio de colaboración entre la Universidad de Sevilla y Ema RTV, Ondal Local de Andalucía para la puesta en marcha y emisión del proyecto radiofónico Emprenred. Sevilla 27 de junio de 2014.

- www.radioemprenred.com,

- http://www.ivoox.com/podcast-emprenred_sq_f1314284_1.html

- Aula Abierta, Premios Universitarios 2013 – 2014. Transferencia de Conocimiento.

- Portal de Comunicación Universidad de Sevilla 14/01/2015.

- Moreno Espinosa, P. Los géneros periodísticos informativos en la actualidad internacional. Revista Latina de comunicación social nº 43 julio-agosto 2001.

- PALACIOS, J., MARCHESI, A. y COLL, C. (1990-2004). Desarrollo psicológico y educación I y II. Madrid. Alianza.

- MELLADO, J. (2012). Pedagogía Discente. La Escuela Que Queremos. La Verdad de las Competencias Básicas. Sevilla. Círculo Rojo.

- PRIETO, L. (2006). Aprendizaje activo en el aula universitaria: el caso del aprendizaje basado en problemas, en Miscelánea Comillas. Revista de Ciencias Humanas y Sociales Vol.64. Núm.124. Págs. 173-196.

- TIRAPU USTARROZ, J (2001). .Manual de Neuropsicología (2ª Edición) (2001). Barcelona. Viguera Editores.

- VV.AA. (1988) Psicología Social del Desarrollo Cognitivo. Anthropos. Barcelona.

*Este libro se terminó de elaborar
en septiembre de 2017
en la ciudad de Sevilla,
bajo los cuidados de
Francisco Anaya Benítez,
Director de Egregius Ediciones.*